大展好書 好書大展
品嘗好書 冠群可期

養生保健
61

# 太極內丹功

王鳳鳴 編著

大展出版社有限公司

王鳳鳴先生 1952 年生於北京，從 8 歲起先後從師於王有志老師學習少林拳，從師於八卦掌第四代傳人劉興漢老師學習八卦掌。1975 年正式拜師於陳式太極拳第十代傳人、內功傳人馮志強老師的門下，學習太極拳和氣功等傳統技術。他經歷幾十年的苦心修煉和潛心研究，集太極拳、氣功、八卦掌於一身，得其真傳，功深技精，掌握技術全面。他是馮老師很有成就的弟子。

王鳳鳴先生不僅僅是一位著名的武術家，他還是一位從事武術和氣功技術理論研究的作家。他出版的中文、英文、西班牙文著作《道家太極棒尺氣功》《道家氣功精華—內丹功—外丹功》《太極推手技擊傳真》《道家內功「循時修煉法」》《太極纏絲功》《太極內丹功》等成了膾炙人口的暢銷書，發行於世界各地。

他還在一些國內外的武術雜誌和體育報刊上發表

過幾十篇有關氣功、太極拳方面的論文。其中《太極尺棒氣功》和《內丹功》論文，曾於1999年和2003年在德國漢堡舉辦的世界內功大會上榮獲「最佳優秀論文獎」。為了掌握中醫方面的知識，提高對人體科學的認識，他曾在中醫研究院學習了3年。

王鳳鳴先生從1982年開始在北京國際教學中心工作，從事武術、太極拳、氣功教學期間，先後任教練、高級教練、總教練、副總經理、國家級武術裁判和志強武館副館長、總教練，為國內外武術界培養了大批的學生，為傳播和推廣中國的太極拳、氣功做出了貢獻。

他作為中國武術界一位非常有實力有影響的武術名家，曾多次受邀出訪日本、韓國、法國、瑞士、荷蘭、西班牙、德國、芬蘭、瑞典、英國、加拿大、美國等國家進行氣功、太極拳方面的教學和學術交流。受到了國內外武術界的尊敬和好評，被讚譽為「內功王」「真正的太極和氣功大師」，並被國內外的二十幾個武術組織聘請為名譽主席、名譽院長、教授、顧問等。

1994年，王鳳鳴先生到芬蘭赫爾辛基大學體育系和其他學校從事太極拳和內功方面的教學工作。為了促進太極拳和內功事業在歐洲的發展，他組織成立了

歐洲陳式混元太極拳協會，任主席。

從 1998 年起，他先後在瑞典、荷蘭、芬蘭、法國、德國、西班牙、英國、瑞士、美國、日本、中國成功地領導組織了每年一次的「國際陳式混元太極拳和氣功交流會」，深受太極拳和氣功愛好者們的歡迎，學員們來自世界上的許多國家。

2007 年，美國一所大學邀請「特殊優秀人才」王鳳鳴先生到美國工作後，他組織成立了美國「內功王」國際太極拳學院，任院長。現已開設紐約市分院、新澤西州分院和康州分院。

2007 年 7 月，王鳳鳴先生入選《中國太極拳大百科全書》，受到世界太極拳界和文化界的廣泛關注。

2013 年，美國國際醫藥大學聘請王鳳鳴先生為教授，同年，他還入選「非物質文化遺產傳承人名錄」。

可登錄 www.worldtaiji.com 與作者聯繫。

# 出·版·說·明

　　太極內丹功是道家著名的影響廣泛的以修煉內功而見長的功法。它是祛病健身、延年益壽之良藥，是性命雙修、內外雙求、提高內功（氣功）水準之保證，是各種拳術之靈魂，是技擊防身之中流砥柱，是中醫工作者提高療效之保護神；又是文藝演員保持、延長聲樂藝術生命之法寶。

　　太極內丹功簡單易學、增長內功快、功效顯著，因此，深受國內外的內功（氣功）和武術愛好者所鍾愛。但是，在琳琅滿目的書叢中，竟未有一部全面系統地介紹如何修煉太極內丹功方面的專著。為此，國內外享有「內功王」之盛譽的道家內功和太極拳傳人王鳳鳴先生，根據古代傳留下來的珍貴資料和前輩們的傳授，依據自身幾十載研練道家內功和太極拳所積累的豐富的練功實踐和教學經驗，撰寫了這部著作。

　　希望此書的出版發行，能給中外廣大熱愛太極內丹功這門古老技藝的朋友們帶來些許增益。

# 目　錄

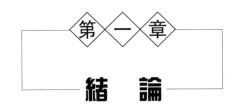

# 第一節　太極內丹功簡介

　　道家內功作為中華民族的一份文化遺產，是獨具特色、自成體系的一門人體科學。把它看作是中國文化的一顆明珠，可以說當之無愧。

　　當然，任何事物在其發展繁衍過程中，都有其時代的局限性。在中國漫長的歷史中發展起來的道家內功，由於受社會歷史條件的影響和科學發展水準的限制，既有中華民族優秀文化的滲透，也有一些封建社會泛渣的侵蝕，存在著菁蕪並存的情況。使用的內功術語有些也常常隱晦難解，另外，古代道家內功中的部分竅位名稱與現代名稱叫法不一致等情況也存在。

　　我們在搜集整理編集《太極內丹功》過程中，特別注意到了這些問題。我們對古代傳留下來的道家內功資料和修煉方法，進行了認真的「去粗取精」的刪選，又對隱晦

難解的內功術語進行了「白話注解」，以及將古代內功竅位名稱與現代稱對號入座等工作。以幫助習練者對傳統道家內功在更高水準上的正確認識理解和掌握，使道家內功和現代科學研究互相促進，進一步造福人類。這正是我們研究、整理、介紹道家內功的意義所在。

本書全方位、多角度、全面系統地介紹了《太極內丹功》中的修煉方法，尤其是突出重點地介紹了道家內功中的後天功轉先天功，從內丹過渡到外丹的修煉方法。是修煉道家內功重要的三步曲，它將按程式，分階段，按層次地指引修煉者順利地透過學練道家內功幾個重要的轉振點和里程碑，使修煉者達到此水準後能夠親身感受到，身臨其境，神而不奇。

在第一章「緒論」中，首先概括地對太極內丹功做了一些介紹，並闡述了為什麼太極內丹功是調節人體功能的最佳方法。

在第二章「太極內丹功理論基礎」中，精闢、深刻、獨到地闡述了道家內功的健身功效，無極、陰陽、太極、五行、三調、精氣神與丹田的關係，練習入靜對心理影響的重要作用等等。

在第三章「太極內丹功學練方法」中，介紹了習練者所關心的循時練習和學習步驟等內容。

在第四章「太極內丹功修煉法㈠」中，我們按步驟，分層次，劃階段，論水準，具體詳細地介紹了學練太極內丹功中的採氣功、下丹田修煉法、中丹田修煉法、上丹田修煉法、調濟平衡陰陽、帶脈行功、大小周天行功、丹氣

循根、大力神功、返老還童、收功等項目。

為了讓習練者瞭解、認識、掌握每個動作習練的全過程，我們特意在每個動作裡介紹了意守部位、意念、功效、重點提示。可使習練者感到有法可依，有章可循，步步提高，層層深入。

在第五章「太極內丹功修煉法㈡」中，為欲繼續學習提高和深造道家內功的習練者，具體詳細地介紹了學練太極內丹功的全部過程，諸如採氣培元、外丹形圓、內外混元、神通道緣等項目，可讓習練者親身體感到學練道家內功「藝無止境」。

在第六章「太極內丹功功效研究」中，介紹了我們的科研成果：「拍打功預防血栓形成的研究」「道家內功從腎論治之研究」「對道家內功調心的研究」。可讓習練者更進一步科學深入地認識到，為什麼習練道家內功能達到祛病健身、延年益壽、增長內功水準之功效。

在第七章「太極內丹功知識問答」中，我們在幾十年來的練習實踐和教學實踐中，注意收集積累了一些練習中經常遇到的疑難問題和解決方法，並以問題解答的方式，為習練者排憂解難。

在第八章「道家內功傳人」中，我們介紹了道家內功著名傳人一些真實的情況和事蹟。

內功與太極拳同時修煉，是具有「內功王」之稱的王鳳鳴先生歷經幾十年在內功與太極拳相結合的研練上，總結出來的一條走向成功之路，這次編入了他的成功修煉經驗，將啟迪、指導學練者修煉提高「太極內功」。

綜上所述，凡是和筆者學練過太極內丹功的人，普遍反映這是一種不可多見的優秀功法，有練功一年受益十年、練習十年受益終身的切身體會。他們的練習實踐經驗和體會可以證明，學練道家內功入門不難，達到高級功法也是可以辦得到的，重要的是教師指導正確，練習階段、層次安排的科學合理。其關鍵還在於學練者要有持之以恆、「只要功夫深，鐵杵磨成針」的吃苦耐勞的學習精神，便能達到「功到自然成」之功效。

傳統的道家內功保留著「真傳」，是人類科學和文化尚待開發的寶藏。為了讓更多的人能夠在修煉道家內功時從中受益，我們願將古代傳留下來的道家內功修煉結晶太極內丹功毫無保留地奉獻出來，願與國內外廣大的道家內功愛好者共同分享人生健康、幸福長壽之道！

# 第二節　太極內丹功是調節人體功能的最佳方法

歷代傳承下來的道家內功，有基礎理論、獨特的修煉方法、大量的實踐經驗，歷經了千百年驗證。由於內功的本質在於練功實踐，其中許多奧妙非自身體驗難以知其真實情況，更難探究底蘊，所以在練習、研究道家內功時應該十分尊重傳統。

道家內功成功的功法是指導人們練功實踐的方法，隨著時代的發展和科學技術的進步，在充分尊重傳統的同

時，也應盡可能應用現代科學思想、知識和技術探索它們共同的科學基礎，這不但是需要的也是可能的。透過這樣的探索，則能更充分地瞭解道家內功歷史源遠流長，長期在封建社會中存在和發展，深受科學發展水準和社會條件的侷限，不可避免摻雜著一些封建迷信的影響，其中也存在菁蕪並存的情況，其使用的一些內功術語也常常隱晦難解。即使是現在，由於社會情況的複雜和科學發展的現況，這種侷限也仍然存在。

我們知道，道家內功中有一些神秘性的現象是現代科學還難以解釋的，可以說還是科學的盲點，而科學的盲點正是迷信思想藏身和滋生之地。道家內功科學研究中有一部分工作是探索這些神秘現象背後蘊藏的人體和宇宙的奧秘，我們在繼承、研究道家內功時需要「去粗取精，去偽存真」，破除藏身在這些現象中的迷信思想。這對於幫助道家內功愛好者科學地認識內功、修煉內功，對於內功運動的健康發展無疑是有積極意義的。

太極內丹功自始至終圍繞著調節、改善和提高人體的生理功能、心理功能、思維功能和行為功能入手，以達到保持、改善和提高加強人體的五種平衡系統。

第一，快速姿勢平衡系統，指的是神經系統。

第二，內臟活動平衡系統，指的是植物神經系統。

第三，體表內臟間平衡系統，指的是經絡系統。

第四，全體慢平衡系統，指的是內分泌系統。

第五，運動狀態時的平衡系統，指的是運動狀態時各種姿勢動作的變化與身體重心的協調平衡系統。

這幾方面當然是相互聯繫、相互影響的。整體上表現出來的功能狀態有正常功能態、反常功能態、超常功能態和特異功能態四大類。

例如，正常功能態中有醒覺態和睡眠態。各種功能態之間是可以相互轉化的，這些轉化需要人體與環境間物質、能量和資訊的交換，人們由這些交換來調整功能態。

例如，最通常的病人可以由服用藥物將人體從反常功能態（指的是各種疾病狀態）調節到正常功能態。

當然，調節的方式有多種，例如有藥物、食療、物理療法、心理療法，也可以透過體育活動來調節。

太極內丹功由於重視調節人體結構和功能態之間的平衡，所以從技術角度看，與其他調節人體狀態的方式比較，具有獨特的特點和優勢，所以稱之為調節人體功能態的高技術。

應用這種技術不但有助於正常功能態的保持和提高，也可以將人體從反常功能態調節到正常功能態，修煉道家內功到高級階段時也有可能將人體正常功能態或反常功能態調節到超常功能態，甚至特異功能態。

在這方面有許多事例，例如，呼吸調整到「胎息」，非眼內視「覺明」現象等等。所以，道家內功可以說是人類文化的瑰寶，古老的傳統道家內功應該在現代科學發達的條件下得到大力弘揚。

因此，應該提倡科學練習，按程式練習。對道家內功，即使只是治病健身方面的作用，也還需要大力進行研究。在實際應用時，學練者應針對具體情況選擇適宜於自

身的功法，或與其他方法，包括西醫、中醫、食療等綜合
應用。我們同時要注意，當內功修煉至高級功法和深造功
法時，需要有經驗的名師指導引路，有利於修煉者在更高
的水準上正確認識、理解和掌握。

# 第三節　循時練功

據易經之理，一年分四季，十二個月，有二十四節
氣。氣候不同，自然界陰陽消長亦在隨之而不斷的變化。
其變化必然影響到人及物。春長，夏旺，秋收，冬藏。因
此修煉者應當參照一年四季12個月的陰陽變化而有規律地
進行練功。

春夏兩季練功應以養陽為主。秋冬兩季陽氣潛藏，練
功應以養陰為主。陰得養則陽潛而內藏，保持生命之能
力，以待春季來臨，生機萌發。故內經云：「春夏養陽，
秋冬養陰。」其意是春夏是陰消陽長之時，所以春夏練功
應選擇在六陽之時，秋冬是陽消陰長之時，故秋冬練功應
選擇在六陰之時，順應自然界天地氣候變化而修煉，則達
天地人相合。

據易經之理，一日分為十二個時辰，十二個時辰之
中，子時為陰極而陽生，陰消陽長，從子時起，丑、寅、
卯、辰、巳六時辰為陰氣漸消漸衰，而陽氣漸生漸盛，所
以稱為六陰時。午時為陽極而陰生，陽消陰長，從午時
起，未、申、酉、戌、亥六時辰陽氣漸消漸衰，而陰氣漸

長漸盛，所以稱為六陽時。

循時練功之意，是根據一年之內不同的季節變化和一日之內不同時辰的陰陽消長變化規律而修煉。必須循天地自然界變化之理，人相應而協調陰陽，選擇適合自己情況的季節時辰來練功。此名為「生氣之時」和「同氣之時」。以取外而補內，疏通經絡，促進氣血運行。

練習時間與方位，來源於古典名著《內經》中的「子午流注」學說。它是根據自然界的一切事物有規律的週期性的變化，研究人體生理機能活動、病理反應變化及與自然界週期性同步變化的關係。基本內容有：臟氣法、五臟配五行、經絡氣血流注有時等等。

子午流注之意，它具有陰陽、時間、方位變化的含義。如一年分為春、夏、秋、冬四季；一日分為早、中、夕、夜，子、午、卯、酉等時。子時為陰盛之時，陰極則陽生。午時為陽盛之間，陽極則陰生。卯、酉為陰陽各半，調節陰陽平衡之時。子午為經，指南北、上下方位，並與南北極磁場相關。卯酉為緯，指東西、左右方位。流注本指自然界水之流動轉注，而在氣功修煉功，則指人體內氣血流動循環變化。

因人本身是一個生理時鐘，生理變化和生活規律是與自然界的變化規律相吻合的，經絡的開合又是隨時間而化，與自然界變化規律相吻合的，所以選擇在與臟腑經絡相通應的時辰（時間）來練習，功效會更好一些。

例如，午時 11：00～13：00，此時與心氣相通，是心經氣旺之時，調養心臟功能應選擇在此時練習。又如，酉

時 17：00～19：00，此時與腎氣相通，是腎經氣旺之時，調養腎臟功能應選擇在此時練功等等。如此類推。

下面是各臟腑氣旺的時間表：

膽經氣旺於子時　　　23：00～ 1：00
肝經氣旺於丑時　　　 1：00～ 3：00
肺經氣旺於寅時　　　 3：00～ 5：00
大腸經氣旺於卯時　　 5：00～ 7：00
胃經氣旺於辰時　　　 7：00～ 9：00
脾經氣旺於巳時　　　 9：00～11：00
心經氣旺於午時　　　11：00～13：00
小腸經氣旺於未時　　13：00～15：00
膀胱經氣旺於申時　　15：00～17：00
腎經氣旺於酉時　　　17：00～19：00
心包經氣旺於戌時　　19：00～21：00
三焦經氣旺於亥時　　21：00～23：00

## 子時氣血流注於膽

膽者，中正之官，決斷出焉，屬木，肝之腑之，為中清之府，十一絡皆取決於膽。人之勇，怯邪正於此膽，故從膽，有膽量方足擔天下之事。

膽主仁，故以膽斷之，膽附於肝之短葉中，仁者無窮也，屬足少陽之脈，少血多氣。

## 丑時氣血流注於肝

肝者，將軍之官，謀慮出焉。肝木臟，魂所藏，居於

膈膜之下，亦有系絡，上擊下心包，其經葉中有膽附焉。蓋肝者幹也，以其體狀有枝幹也，其合筋也，其容爪也，開竅於目，屬足厥陰之脈，多血少氣。

## 寅時氣血流注於肺

肺者，相傳之官，治節出焉。肺為金臟魄所藏，為五臟之長，心之蓋生氣之原，上接喉竅，下覆諸臟，主呼吸出入，為人身之菅蓋。

肺者沛也，中有二十四孔，分佈清濁之氣，以行於諸臟，使沛然莫禦也，其合皮也，其索毛也，開竅於鼻，屬於太陰脈，少血多氣。

## 卯時氣血注於入大腸

大腸者，傳道之官，五味出焉。屬土，脾之腑也，故從田。田乃五穀所出，以為五穀之市也，又胃者衛也，水穀入胃游溢精氣，上出於肺，暢達四肢，布護周身，足以衛外而固也，上接喉竅，居於膈膜之下，其左有小腸，屬足陽明之脈，多血少氣。

## 辰時氣血流注於胃

胃居中焦，五行亦屬於土。《靈樞・玉版》曰：胃能容受消化，飲食以生氣血。胃者，水穀氣血之海也。《素問・玉機真藏論》中說，五臟，皆稟氣於胃，胃為五臟之本也，胃氣以降為順。

## 巳時氣血流注於脾

脾居膈下，位於中焦，為陰中之至陽，在五行中屬土，主至於長夏。脾為後天之本，氣血生化之源。脾氣主升，脾主運化，有流攝血之功能。

脾主肌肉，其華在唇，開竅於口。《靈樞·本神》曰：因志而存變，謂之思，思為脾之志，少血多氣。

## 午時氣血流注於心

心者，居主之官，神明出焉。心火臟，故不欲。其炎上蓋，心者新也，心主血脈，日新，新新不停，則為平人，否則病矣。其合脈也，其榮色也，開竅於舌，其位居於肺之下，心包之上，其有系絡上系於肺，凡脾、胃、肝、兩腎、膀胱各有一條絡，系於包絡之旁以通於心，故包絡為心之外衛，心為五臟六腑之君主，屬於少陰之脈，少血多氣。

## 未時氣血流注於小腸

小腸者，受盛之官，化物出焉。屬火，為心之腑，居於胃之左，上接於胃，其下即大腸、膀胱。門之粗者出大腸，清者滲入膀胱。

蓋人納水穀，脾化氣而上升，腸則化而下降。以腸者暢也，所以暢達胃中之氣也，暢通則為平人，否則病矣。屬於太陽脈，多血少氣。

## 申時氣血流注於膀胱

膀胱者，州都之官，淺液藏焉，氣化則能出焉。屬水，為腎之液，蓋膀胱者，膀胱光也。言氣血之元氣足，則津液旁達不竭，而肌膝皮毛皆因以光澤也。為是太陽之脈，多血少氣。

## 酉時氣血流注於腎

腎者，作強之官，技巧出焉。腎，水臟，藏精與志，為先天之本，精神之舍，性命之根也。

蓋腎者引也，能到引氣通幹骨髓，又腎者任也，主骨即任因房之事，故強弱系之其合骨也。其榮發也，開竅於二陽。屬足少陰之脈，少血多氣。

## 戌時氣血流注於膻中（心包絡一名手心主）

膻中者，臣使之官司，樂出焉。為水臟之外行，故曰相火。代君王而行事，亦有主名，保以聲之以手，蓋以平厥陰之脈，出屬於心包手三腸之脈，散絡心包是手與心主合，所以心包絡稱心主五臟，加此一臟實六臟也，即手厥陰足絡，多血少氣。

## 亥時氣血流注於三焦

三焦者，決三實之官，水道出焉。屬火，為心包絡之腑。蓋焦者熱也，三者上中下三焦之氣也，滿腔中熱氣布護始能通水道。上焦不治則水流高源，中焦不治則水流中

腔，下焦不治則水亂二便，三焦氣治則脈絡通，而水道利。故曰決三實之官。屬於少陽脈也，少血多氣。

但是修煉內功不必拘泥於此，對於練功時辰的選擇，古人又多強調在子午卯酉四時來修煉，稱之為四正時。並把此四時比喻為：朝晨為春，日中為夏，日入為秋、夜半為冬。子時屬陰，陰氣正盛，為陰極陽生之時。一陽生五陰降，一陽生於五陰之下，自然界陽氣來復，天地人相應，可助人身元陽之氣發生，可助腎水上升、精化為氣。故道家氣功重視子時練功，子當生火、起火、進火練丹。子時練功主靜，此時修煉應以靜功為主，以動功為輔。

練功方位：面朝北。

午時屬陽，陽氣正盛，為陽極陰生之時。一陰生五陽降，此時人身之氣正走於心經，心為陽中之陽，兩陽相合，陽氣必然亢盛，但此時一陰生陽氣漸漸呈下降趨勢，因陰陽互為其根，所以此時練習必助元陰之氣生長，而收斂亢陽，使諸陽之氣隨一陰潛降而不致於剛燥。此時修煉應以動功為主，以靜功為輔。

練功方位：面朝南。

卯時日出陽進之時，為四陽二陰，陽進陰消，人身陽氣長勢已成。此時練功正助腸氣茁壯成長。卯時在人身經氣正走於胃，胃屬土，土生萬物，胃乃後天之本。道家內功強調練後天補先天，故重視在卯時修煉。

練功方位：面朝東。

酉時日落夕陽之時，為四陰二陽，自然界氣候由清轉濁，此時練功有助元陰之氣充盛，利於陽氣藏養。酉時在

人身經氣正走於腎，腎屬水而藏精，精乃先天之本。腎精外泄成人，閉固修煉則精化成氣，陽藏陰中為真陽。故道家氣功修煉重視練精、固精、養精，強調在酉時練習。

練功方位：面朝西。

子、午、卯、酉四時的陰陽變化是自然界陰陽消長的轉移點。天地人相應，人以天地之氣而生，所以氣功修煉應順應自然界變化，可促進人體陰陽相互平衡，相互協調。依子午練習是修煉心腎，使心腎相交，上下相固，達到水火相濟，是修煉小周天功，古時稱之為「子午周天」。依卯酉練習是修煉大周天功，古時稱之為「卯酉周天」。

# 第四節　論內功

內功的實質就是意氣相合、神氣合一，內功的物質基礎是精、氣、神。內功的品質取決於習練者本身的精、氣、神的品質。所以欲提高內功，首先應從培養壯大精、氣、神入手。精足則氣足，氣足則神旺，神旺則形全，以養為主，養練有機的結合是修煉功夫的內涵。其關鍵在於要「抓住丹田練內功」。要氣氣歸根，根在丹田。這是修煉丹田的要訣。

抓住丹田練內功就是以心為主宰，開合、收放、出入皆在丹田。想開時主動，則氣出丹田運行四肢。想合時主靜，則氣由四梢歸合於丹田。前進時氣由命門湧向肚臍。後退時則氣由肚臍引至命門。左旋時，則丹田左轉，氣沿

帶脈左轉圈。右轉時，則丹田右轉，氣沿帶脈右轉圈。中定時，則上、中、下三丹田中氣貫通。意念、動作、呼吸的開合收放也要配合丹田的開合收放。

要意、息、形相依，勢勢歸根，息息歸根，氣氣歸根，根在丹田。氣氣歸根其意就是意想著丹田的呼吸，耳內聽丹田的呼吸，眼內看丹田的呼吸，三性歸一意守丹田。意、息、形相依而歸根，神氣合一在丹田。久之則丹田內生氣，氣滿丹田，丹田自壯，氣血旺盛，周流全身，榮華四梢，內強外壯，生機勃勃。

修煉丹田還要會練會養。所謂養，即養氣、養精、養神為首要。十年練功要十年養氣。氣以直養而無害，久久養練形成浩然正氣。氣血者，吸天陽以養氣，吸地陰以養血，氣為主而血為配，「有形之血生於無形之氣，有形之血不能速生，無形之氣則當早固」。氣化物生，氣盛物壯，氣正則物和。所以氣應養。

精足則氣足，氣足則神旺，所要靜心安身，清心寡慾，固精養精保精，精氣充滿而不外泄，練精化氣，還原於身。念止神來，念動神離，心靜則神寧，靜心能養神。所以練習內功時，心要靜，靜養精，靜養氣，靜養神，靜才能三性歸一意守丹田練內功。

求學內功時動作宜慢不宜快，因慢練為養，慢練能形與氣相合。所以練功須從無極始緩慢而動，至收功結束，默默停止，形似潺潺流水，又似和煦春風，柔順和緩，沉穩兼備。每招每勢均要緩慢，開展時要緩慢，沉合時要緩慢，一起一落要緩慢。

總之，慢能思上下左右是否相隨，慢能感知內外是否六合為一，慢能求神所不斷，慢能求周身一家。心靜慢練，隨著外形動作和緩而動，引動內氣於體內緩緩而行，使意氣相合，神形合一，順其自然之勢，合其混元之道，達至物我兩忘之境。

經常堅持修煉道家內功，會逐步地體感到內氣運行分四層。

### (一)氣行體表

初級練習內功時，氣行體表時有酸、麻、脹、癢、涼、熱、刺、痛的感覺，內功術語稱其為「八觸」。

### (二)循經走脈

練習內功達到循經走脈時，能夠疏通經絡，促進經脈內氣運行，經絡交會反覆循環聯絡臟腑肢節，貫通上下內外，無處不至運行周身。

### (三)氣貫中腔

修煉內功達至後天轉入先天功後，中氣運行時已不受經絡穴位的約束，內氣運行如同流水貫入洞穴一樣，身軀、胳膊、腿亦是如此。

### (四)氣至混元

修煉內功到混元氣階段時，要上封天門，下閉地戶。在外氣不入、內氣不出的情況下，以意念和動作導引，它

如同水在瓶子裡運動時那樣。

此時，習練者可體感到身體內逐漸形成一種既綿軟而又沉重，外似棉花，內如鋼條的一種奇特的「內勁」。功夫越深，內勁的品質越高。這種柔中有剛、剛中有柔的「內勁」，具有「人不知我，我獨知人」「神以知來，智以藏往」的特點。

隱於內而不顯於外，內動不令人知，故稱「內功」。內功如同電能一樣，隨著習練者內功水準不斷的提高，內功能量和品質也在不斷地提高，內功能量的積蓄也會變得越來越大。這種能量不僅能達到祛病強身，延年益壽之功效，此時，運用於各種拳術，更覺內氣飽滿充沛，運用於技擊擒拿，有更勝一籌之功效；運用於硬氣功，能開磚劈石，更具威力；運用於中醫的針灸、點穴、按摩、氣功療法上，療效更佳；運用於文藝聲樂方面，則有提高和延長藝術生命之功效。

由此可見，內功的功能有多種，但始終圍繞著提高人民的健康水準和功夫層次而展開，這也是古代人與現代人所共同需求的養料。道家內功作為一種古老運動形態，又有嶄新的現代實用價值，這正是我們今天研究、整理、介紹道家內功的意義所在。

# 第五節　練太極內丹功須知「六合」

「六合」指的是內三合與外三合的總稱。

何為內三合？心與意合、意與氣合、氣與勁合為內三合。而心與目合、脾與肉合、腎與骨合、肝與筋合又稱內合。

何為外三合？手與足合、肘與膝合、肩與胯合為外三合。而頭與手合、手與身合、身與步合又稱外合。

總之，內外合一，上下相隨。所謂「一」者，就是自頂至足，四肢百骸，內有臟腑筋骨，外有肌膚皮肉，內外相合歸於一。一動無有不動之處，一合無有不合之處。五臟六腑身肢百骸，精氣神意在其中貫歸為一。而又上動下隨，下動上領，上下動而中部相應，中部應而上下、內外相合、前後相需、左右相繫，周身一家，渾然一體。

習練者達到六合水準時，就能更深入地體感到，修煉太極內丹功的過程是調整形與氣關係的過程。猶如一杯水，形是方法，氣是內容。如果練習內丹功僅停留在外形姿勢上的鍛鍊，沒有抓住實質，那只是初級效應。

只有深入提高內功「氣」的層次，才能達到意、氣、形合一高級階段的水準，才算真正地掌握了內功運動的規律。更深入細緻地研究「六合」，應瞭解三節、四梢、五弓之論。

「三節」指的是人體有上、中、下三節之分，又有梢、中、根三節之分。而上、中、下又各有上、中、下之分。梢、中、根中又有梢、中、根之分，三三共為九節。

頭為梢節，胸為中節，下丹田為根節，這是身軀三節，即中三節。手為梢節，肘為中節，肩為根節，這是臂三節，即梢三節。足為梢節，膝為中節，胯為根節，這是

腿三節，即根三節。

九節之中各有其竅。

中三節三竅：上丹田為梢節竅，中丹田為中節竅，下丹田為根節竅。

梢三節三竅：肩井是根節竅，曲池是中節竅，勞宮是梢節竅。

根三節三竅：環跳是根節竅，犢鼻是中節竅，湧泉是梢節竅。

練功時在意念的指導下循經走竅，節節放鬆節節貫通。運動起來其要點是起、隨、追三字，即從梢節起，中節隨，根節追，如臂動、身隨、腿追，手動、肘隨、肩追，腳動、膝隨、胯追。使內氣運行於三節，達至於四梢，統歸於五行，貫注於九竅。全身內外、上下、左右、梢、中、根節節貫通總成一節，歸於一氣，表裡合一，入於骨髓，經丹竅貫經穴通遍周身。

「四梢」指的是人體的四個末梢，即髮（指毛髮、汗毛孔）為血梢，指（手指、腳趾之筋）為筋梢，舌為肉梢，齒為骨梢。

四梢能一齊發動起來的具體表現為：髮欲衝冠，指欲透骨，舌欲催齒，牙欲斷金。除此之外，心、膽、氣還須配合。心一動，氣自丹田而出，四梢齊發動，膽量能穩定，五行必合。

拳譜云：「氣至丹田而去，如虎之恨，如龍之警，氣發而為聲，聲隨手發，手隨聲落，一枝動而百枝搖，四梢齊動鬼神驚。」此說明的是有功夫時內功發動的表現。

「五弓」指的是身軀猶如一張弓，兩手為兩張弓，兩足為兩張弓。五弓合一，即為全身的整體勁，「靜如山岳，動若江河」，能蓄能發，滔滔不絕。「身似弓身勁如箭」，即是指的「五弓合一」。

身弓以腰為弓把，臍後腰脊命門穴始終以意貫注，中定而不偏倚搖擺，放勁時命門穴須往後撐。啞門（頸椎第一節）和尾閭骨為弓梢，上下對稱，調節有度，加強其蓄吸之勢。

手弓以肘為弓把，以意貫注於肘節，使沉著鬆靜而有定向。手腕和項下鎖骨為弓梢，弓梢必須固定，前後對稱；手在鬆柔靈活中用坐腕來固定；鎖骨用意來固定，不使偏倚搖擺；鎖骨管著兩手的動向，鎖骨的固定是兩手固定的前提。

足弓以膝為弓把，胯骨與足跟為弓梢。足弓備，則膝節有力而微前挺，胯骨鬆沉而後撐，足跟下沉而勁往上翻，腰腿之勁自然相順相隨。「有上必有下，有前必有後，有左必有右」，相反相成，對拉勻稱，這樣就能做到勁起腳跟，主宰於腰，通於脊背，形於手指。

五弓以身弓為主，手弓、足弓為輔，是以腰為軸，兩膊相系，兩腿相隨；上下相隨，中間自然相隨。練習內丹功動作時，須檢查是否五弓俱備，是否形成「八面支撐」之勢。

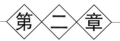

# 太極內丹功理論基礎

## 第一節　太極內丹功的健身功效

道家內功是中國獨特的運動方式，為世界所罕見，它可在同一時間內綜合地完成神經、呼吸、血液、經絡、消化、內分泌、肌肉、骨骼等方面的鍛鍊，用以調節人體的平衡系統。

可以說，練習道家內功是人們用最寶貴的時間，達到最佳運動鍛鍊的效果。經常堅持練習道家內功，能達到以下健身效果。

### 一、調節神經系統

道家內功是在大腦支配下的意氣運動，以心理活動影響到生理活動。意到氣到，氣到動作到，氣達於梢的練習要領，再配合手、足部位的練習動作，直接起到了對神經系統的調節作用。

從人體的神經系統分佈狀態表明，手和足屬於頸胸分

佈末梢區，較為敏感。因此，透過交感神經、副交感神經的傳導，對內臟能起到反射調節作用。再由意守丹田練功要領的導引、腹式呼吸的配合和動作的相助，達到氣沉丹田的練功效果。這樣使支配內臟的中樞神經系統產生興奮，直接起到了刺激影響內臟器官的作用。

從現代解剖生理學觀點分析，丹田和一些重要的練功部位，恰好是重要神經中樞和內分泌腺體所在地，如大腦、胸腺、腹腔神經叢、腎上腺、性腺、脊髓等，這些都是人體生命重要的部位。

道家內功的獨特和捷徑之處，就在於直接刺激影響神經系統時，可產生強烈的傳導感，這種傳導感可使興奮神經趨向穩定狀態，抑制神經則能被啟動，從而使人體的神經系統進一步地得到調整、修復和平衡。同時還可促進生化、代謝、內分泌等功能，提高人體的免疫機能，從而使人體自動化調節系統趨向有序化程度更高的狀態。

因此，經常堅持練習道家內丹功，對防止由於神經系統病變所產生的疾病，如神經衰弱、神經痛、神經麻痹、神經萎縮、胳膊和腿麻木等，皆有效。

## 二、增強呼吸系統

道家內功採用腹式呼吸，要求呼吸與動作自然配合。動作相開時為吸氣，使橫膈肌上升，腹壓減弱，重心上移，胸壓增強，加大了肺活量。動作相合時為呼氣，使橫膈肌下降，腹壓增強，重心下降，胸內壓減弱，隨著呼吸和動作的變化，達到「胸寬腹實」的狀態，能改進胸廓活

動度。有調整肺功能和胸膈的狀態，增加肺活量，使呼吸肌發達，恢復肺的彈性，開發肺功能潛力的作用。

因此，經常堅持練習道家內功，習練者呼吸頻率會減少，肺活量比一般人大。對防止由於呼吸系統病變所產生的疾病，例如咳喘、氣虧、氣管炎、胸痛、肺炎、肺氣腫等，均有良好的功效。

## 三、疏通循環系統

練習道家內功的動作，能使全身各部位的肌肉群總是一鬆一緊，一剛一柔，一收一放，一開一合，交替變化運動。這種獨特的練習方式，能促使肌肉間的靜脈血液加速回流到心臟，心臟供血充足了，由動脈向全身排出的血液就會增加。練功時在意念的導引、呼吸的配合、動作的相助下，促進心搏跳動的收縮能力，使心肌得到鍛鍊。

心肌發達了，改善了心臟供氧，由動脈向全身排出的血液就會增多。加大、加速了血流量，提高了血管容積，增強了血管的韌性和彈性，有利於疏通血液循環系統，清除血液中和沉積在動脈及靜脈血管壁上的有害物質，使膽固醇含量下降，血脂降低。

經脈象儀測試表明，練習道家內功還能改善微循環，使外周血管擴張，毛細血管血流量比平時增加了15～16倍。由於外周血管的擴張和毛細血管血流量的增加，習練者體感到的手足、丹田、命門等意守部位有發熱、發脹、氣行、氣動等現象，就是練習時的所謂氣感。

毛細血管隨血流量的增加，攜帶氧、激素等營養物質

的能力也相應增加，同時清除了附在外周血管和毛細血管壁上沉積的有害物質。這是許多老年人透過練習能夠童顏鶴髮，老年斑變淺或消失的原因。

因此，經常堅持練習道家內功，能引起細胞產生溫熱反應，活化細胞，使血管擴張，血管容積增大，血管通透性明顯得到改善，促進血液循環，使血管、外周血管、毛細血管中血流速度增快，末梢血流量增加，紅細胞和血紅蛋白有所增長，軟化動靜脈血管，增強血管壁彈性，清除血液中的有害物質，還可降低膽固醇、血脂，改善心肌供氧，加強心臟功能。

對防治由於循環系統病變所產生的疾病，如血壓高、低血壓、貧血、動脈硬化，以及由於心臟供血不足引發的各種病症，均有良好的功效。

## 四、暢通經絡系統

中醫學理論認為，人體的健康與經氣暢通有著密切的關係，故中醫理論總是氣血並提。經常練習道家內功，一般都會產生手腳發熱、發脹、氣動、氣行、指尖如針刺的感覺。在背、胸、頭、胳膊、腿等部位都有氣動、氣行的現象。中醫認為這是體內行氣的現象，是經絡暢通的反應。

練習道家內功在意到氣到，氣到動作到，氣達於梢的練功要領指導下，要求動作螺旋纏繞地形成圓形運動。使肌肉、韌帶、關節在均勻連貫的反覆旋轉活動中得到無微不至的運動，調整呼吸，調節神經，暢通氣血，流轉貫注

於四梢，達到固本榮枝的目的。

中醫經絡學說一直很重視四肢末梢，認為手腳的末梢是十二經絡的終點和起點的連接處。所以，經常堅持練習手和足等部位的動作，有助於十二經絡的暢通和內氣的循環運行。

功夫較深者練習道家內功時，則能進一步地體感到，胳膊和腿內猶如有水銀流動一樣，沉穩而敏捷。在意念導引、呼吸配合、動作相助下，氣沉丹田時，還能體感到丹田內氣動，丹田內氣旋轉，丹田內氣鼓盪等現象。其功效在於能使橫膈肌上下產生運動，胸壓和腹壓交替變化，促使五臟六腑進行自我按摩運動，五臟六腑是十二經絡的大本營，這樣更有助於十二經絡及全身經脈的暢通和內氣的循環運行。

因此，經常堅持練習道家內功，對防治由於經絡系統內氣運行不暢所產生的氣滯、氣虧、身冷、手腳發涼等現象，尤為有效。

## 五、促進消化系統

道家內功採用腹式呼吸、氣沉丹田的方法，可使支配內臟器官的神經產生興奮，橫膈肌活動幅度明顯增大，活動範圍是平時的3～4倍。改善了腹肌的收縮與舒張，因此，增強了腹腔內壓，使腹部溫度增高，促使胃、腸、肝、腎、膀胱隨之產生自我按摩式運動，促進了臟腑血液循環和腎上腺素分泌功能，提高了胃腸道平滑肌的張力和收縮力，加速了胃腸的蠕動，促進了胃腸消化液的分泌，

加強了消化、吸收和排泄功能。練功時有口液增多和腸鳴感的現象，就是促進胃腸消化能力的表現。

經常堅持練習道家內功，具有促進消化系統功能、改善體內物質代謝的作用。對防治由於消化系統病變所產生的疾病，例如胃痛、消化不良、食慾不振、便秘、小便不利等，均有良好的功效。

## 六、鍛鍊肌肉組織

肌肉組織的基本特徵是收縮與放鬆，收縮時肌肉縮短，橫斷面增大，放鬆時則相反。肌肉組織的物理特徵是伸展性與彈性。練習道家內功螺旋纏繞式的動作，能使全身各部位的肌肉群總是絞來絞去，都能參加運動。這種鍛鍊方式不像舉重、投擲、健美等競技體育運動那樣，給肌肉以強烈的刺激，使局部肌肉僵硬和隆起。

道家內功鍛鍊肌肉的方式，是在意、氣、形合一的狀態下，一鬆一緊，一剛一柔，一收一放，一開一合，交替變化運動中進行的，從而使全身的肌肉得到了均衡的鍛鍊。所以，這種獨特的鍛鍊肌肉的方式，能促進血液循環加快，從而使肌肉需要的氧氣和營養物質得到及時的補充，促進乳酸等代謝產物的吸收和排泄，提高肌肉的運動能力，使肌肉勻稱豐滿，柔韌而富有彈性。

由於肌肉收縮與放鬆、伸展性與彈性的增強，對關節和骨骼的牽拉作用也得到了加強，使骨的形態結構和性能都產生良好的變化。運動時可減少肌腱和骨之間的摩擦，提高運動的轉換能力。

因此，經常堅持練習道家內功，能使習練者較快地掌握新動作要領，促進演練太極拳套路的動作更加協調優美、舒展大方。對防治由於肌肉組織病變所產生的疾病，例如肌肉酸痛、肌肉痙攣、肌肉勞損、肌肉萎縮、肩背痛、腰腿痛等，尤為有效。

## 七、加強關節活動，堅固骨骼

練習道家內功的動作時，由於各關節呈螺旋纏繞式的圓形動作，因此加大擴展了關節的活動範圍，增強了關節結構、關節韌帶、軟骨滑膜層、纖維層、半月板、骨膜、關節囊等，起到了保護關節和限制關節的作用。

關節和骨骼呈螺旋纏繞的運動時，能使該部位周圍的肌肉、韌帶、肌腱、神經、血管、經絡等同時綜合地得到鍛鍊。練功時關節處有時發出「格格」響動的聲音，就是促進關節轉化運動的良好反應。長此以往，能使關節之間、骨與骨之間的連結更加穩固，骨密度增強而堅固，骨液分泌增多，對骨質營養的吸收和病變的修復，預防骨質老化、變形，起著重要的作用。

經常堅持練習道家內功，使關節的穩固性、柔韌性和靈活性增強了，還能提高關節和骨骼的抗折、抗彎、抗扭轉方面的性能，達到減輕衝撞和震動的作用。對防止由於骨質病變所產生的疾病，例如關節炎、頸椎病、骨刺、骨質增生、椎間盤突出等，均有良好的功效。

綜上所述，可以看出練習道家內功與體育運動的根本區別在於，體育運動著重鍛鍊有形結構，而道家內功在鍛

鍊有形結構的同時，又著重鍛鍊無形物質，並由無形物質
的變化而改進有形結構。

兩者的鍛鍊方式完全不同，所以，練習道家內功具有
一般體育運動鍛鍊所達不到的功效。

# 第二節　太極內丹功重視「德藝雙修」

道家內功在調心方法中強調「練習以德為本，德為功
母」等都表達了德與功的關係。在內功實踐中以德為本，
不僅僅是社會道德問題，而且是根本的技術問題，因為德
在身體意識結構中佔有特殊的地位。

一個人的德心、德性、德行可直接影響著練功功效和
他與環境的關係。所以涵養道德，陶冶性情就成了修煉道
家內功的必要內容，這使內功客觀上起著淨化練功者心靈
的作用，使自己的體魄相融合。

道家內功重視練功之道要合於練功之德，做人之道要
合於做人之德，練功之道要合於做人之德，三個層次，老
子曰：「道生之，德蓄之，物刑之，而器成之。是以萬物
尊道而貴德。」是說道生出來的東西需要德去蓄養它，從
而物才能成形，器才能造成。

練習內功之道亦如此。做人之道與練功之道相輔相
成，內功之道練出來的功夫需要仁德去濡養才能走入正
道，達至高深境界。無德則外五行心為七情六慾所滋擾，
內外五行不和順。所以練習道家內功強調「養浩然正氣」

之大道，其意是練功要正，做人要正，行氣要正，養氣也要正，天無正氣逆大道，地無正氣傷五行，人無正氣喪人倫，功無正氣失混元。

# 第三節 無極 陰陽 太極

陰陽學說創自伏羲，是古代勞動人民認識自然、利用自然、改造自然的理論工具，具有樸素的唯物論觀點，也是道家的「道法自然」的核心。

陰陽是劃分和說明兩種既相互統一，又相互對立，既相互依賴，又相互制約的矛盾著的事物的性質和相互間關係的理論。它適合用於任何領域。

道家內功和中醫學引進這個理論，是因為人與自然是一個統一整體，在人體反映著自然界各種變化的結果。

人體是一個陰陽相互維繫的整體，保持著與自然界的協和，維持著正常的生理活動，若陰陽的某一方面發生偏盛或偏衰的現象，就會使陰陽失去相對的動態平衡而發生病變。透過修煉內功，可使機體內推動平衡的陰陽在不斷的運動變化中得以調整、恢復平衡，從而達到祛病、健身的練功效果。

無極，無極之義原指宇宙之初天地未分、萬物未生之時的景象，形容為空空洞洞，混混沌沌，無色無象，無聲無嗅，無端無形，無一物而包萬物之理。無極的本質特徵是「靜」，即內外俱靜。

　　無極之理引用於練功，先求靜，靜極則生動，動則產生陰陽，靜為陰，動為陽，靜是本體，動是作用。動從靜中生，陽從陰中來。外靜而內動，外動而內靜，從而達到靜中有動，動中有靜，動靜相兼。不經過靜極生動的無極修煉，就不能產生意氣循環運行。所以我們修煉道家內功，應遵循古人傳留下來的「練習須從無極始，陰陽開合認真求」的寶貴練功經驗。

　　無極生有機，有機生兩儀，兩儀就是陰陽，陰陽便是太極。其理必然是清氣上升為天，為陽，濁氣下降為地，為陰，天陽地陰交合，萬物自生。

　　陰陽的本質特徵是：陽中有陽，陽中有陰，陰陽相濟，太極為真。靜中有動，動中有靜，動靜相兼，動靜就是陰陽，陰陽便是太極。古人云「太極者，無極而生，陰陽之母」，即為此理。

　　中國古人以陰陽、動靜的運動變化規律理論為依據，在無極的空圈內畫了一對動靜旋轉開合對稱的黑白魚，分別代表陰陽二氣，黑者為陰儀，白者為陽儀。黑中含一白點代表為陰中有陽，白中含一黑點代表為陽中有陰，以此來表明陰陽。動靜，開合，旋轉互為其根，互相調濟而滋生萬物的交合之理，這就是相傳至今的陰陽太極圖。

　　陰陽變化之理大者可比天地，天地為兩極，天為乾而積氣覆於下，地為坤而托質載於上，覆載之間相去甚遠，氣質不能相交，天以乾索坤而還於地中，其陽負陰而上升，地以坤索乾而還於天中，其陰負陽而下降，一升一降，運其陰陽循環之理，達至陰中有陽，陽中有陰，所以

天長地久。天地陰陽交合而生三才，三才者，天、地、人，上天下地人居中間。人稟三才之中氣，為物之最靈。

陰陽變化之理小者可比人身。以心比天，心屬火在上為陽；以腎比地，腎屬水在下為陰。練功時若使心火下降、心腎相交，即可水火相濟陰陽交合；腎水得心火薰蒸，以氣比陽，以液比陰，氣自液中生，液自心中降，即陰中有陽，陽中有陰，煉精化氣，還精補腦。這一升一降，周天得以循環，陰陽得以調和，人自健壯，陰陽調和而生三才，三才者，精、氣、神。神者心中之神，精者腎中之水，氣者心腎之中氣也。所以人同天地萬物，不離陰陽循環之理。

道家內功中的陰陽二氣表現規律如下。以自然界而言，天屬陽，地屬陰；夏天屬陽，冬天屬陰；白天屬陽，黑夜屬陰。

以人體而言，體表屬陽，內裡屬陰；上身屬陽，下身屬陰，背後屬陽，胸前屬陰；手背屬陽，手心屬陰等。

以臟腹而言，膽、胃、小腸、大腸、膀胱、三焦、六腑為陽；心、肝、脾、肺、腎、五臟為陰。

以經絡而言，循陽經內氣由內而外行至梢節為陽，循陰經內氣由外而內行至臟腑為陰。

以氣而言，練功時感到熱的、運動的、上升的、開的、由內而外的等為陽，感到冷的、靜止的、下降的、合的、由外而內的等為陰。

陰陽動靜之理引用於修煉內功，內功動作中的開合、升降、虛實、蓄發、順逆、屈伸、鬆緊和呼吸的吐納等，

處處有開合，處處分動靜，處處分陰陽，陰陽變化貫穿於
運動的始終。

其運行規律是：開時陰陽相分，清氣上升，濁氣下
降。合時則陰陽相交，混融相抱。一開全開，意氣神形俱
開。一合全合，意氣神形俱合。細研究，開合之中又有內
開合與外開合之分。內開合即氣機之開合，一開百脈皆
開，一合百脈皆合；外開合即機體的開合。一開周身各部
位皆開，一合周身各部位皆合。外開合以內開合為本，內
開合又以外開合為助，內外合一則內氣充於肌膚，入於骨
髓。內外開合又各有其主，內開合以丹田、臟腑開合為
主，外開合以四肢、胸腹開合為主。

丹田的開合能促進內氣鼓盪，臟腑的開合能促進經絡
內氣的運行。四肢的開合有助於氣達於梢節，胸腹的開
合，則能帶動周身各部位的開合。這內與外、開與合、陰
與陽之間的互相調濟，擇中和之道而行之，久久練習，便
可逐漸達到循環無端、動靜無始、渾然無跡、虛至虛靈的
太極太和之境，即始於無極歸於無極。

# 第四節　五　行

五行是古代勞動人民，認識自然，利用自然，改造自
然的理論工具，具有樸素的唯物論觀點。也是道家「道法
自然」的核心。

魏晉南北朝時期，道家學術思想影響很大，其中關於

修煉養生方面的論述經常被當作內功、中醫的主導思想，並作為健康壽世的主要方法。

五行是以相生、相剋、相乘、相侮的關係，相互滋生，相互制約，在不斷運動狀態中維持著相互之間的協調與平衡。五行互相滋生與互相制約的關係為：

五行相生——金生水，水生木，木生火，火生土。

五行相剋——金剋木，木剋土，土剋水，水剋火。

道家內功和中醫理論認為，人體的五臟就其功能而言，具有與五行相類似的性質和相互滋生與制約的關係，五臟與肢體、五官之間有著所主與歸屬、開竅的關係等。這樣就構成了體內外各部功能上的相互關係的整體，所以修煉道家內功和中醫療法過程中，強調從整體出發，就是基於這個原因。

## 一、心

心在五臟中占首位，主血脈，主神明，其性向上，與火相類，所以心屬火。它的主要功能是主持血脈，即主管血液在脈管內的循環運行，向各組織器官輸送養料，以維持其正常的生理機能活動；同時，心又主神明（即精神、意識、思維活動），因此中醫所說的心，不僅包括解剖學裡所指的心臟，而且還包含著大腦皮質的活動，所以說心是臟腑中最重要的器官。

（1）主血脈

其華在面，開竅於舌。心是主持血液運行的動力，脈管是血液運行的通道，面部和舌質是反應血液運行功能的

外部表現。所以心臟功能的盛衰，是可以從脈搏、面色和舌質三個方面進行觀察的。如果脈跳不快不慢，柔和有力，面色潤澤，舌質紅潤，即可認為是心臟功能正常的表現。

（2）主神明

人的精神、意識及思維活動是心的又一重要功能，故有「心者，精神之所舍也」的說法。因此，精神充沛，意識清楚，思維不亂，即可視為心功能正常的一種表現。

（3）心包絡

心包絡是心的外圍組織，有保護心臟的作用。邪氣侵犯人體，一般都是由外至內，由表入裡的。心包絡是心的外圍，故邪氣侵犯心臟時，常常先侵犯心包絡。

## 二、肝

肝主藏血，主筋，主疏泄調達藏魂，其性升發，與木相似，所以肝屬木。肝是貯藏血液的主要器官，有調節血量的功能。同時肝臟還有耐受疲勞和抵禦外邪的能力，以及有疏泄調達的作用。

（1）主藏血，為罷極之本

肝藏血，是指肝臟有貯藏、調節全身血量的作用。血液在脈管內的流通量，是隨著人體的活動情況而有所增減的。在全身活動量較大的時候，肝即把血液輸送到所需要的各部分去，在休息或睡眠時，全身各部分所需要的血量相應地減少，有一部分血液又歸藏在肝臟。所以有「人臥血歸肝」之說。

肝為罷（疲）極之本，即耐受疲勞的意思，實際上這

還是調節血液量的功能。人體在勞作時，肝臟把貯藏的血液供應到全身，使機體和大腦發揮其力量和作用，而不致有疲勞的感覺。因此有「足受血而能步，掌受血而能握，指受血而能攝」等說法。反之，肝調節血量功能失常，人體就容易出現疲勞的感覺。

（2）在體為筋，其華在指甲，開竅於目

筋附著於骨節，在正常情況下，筋膜既不應鬆弛，也不能拘急。而維持筋膜這種生理功能的營養來源是肝臟提供的。

指甲是筋膜的外候，筋膜是否強健，可以以指甲顏色的枯澤和甲質的堅脆來判斷。如指甲紅潤和堅韌，即是筋膜健壯的表現。眼睛也是肝的外候。視力的強弱，與肝有直接關係。一般說來，眼睛視物清楚，沒有目眩發黑的現象，即是肝血調節正常的表現之一。除此以外，古人尚有「淚為肝液」之說法。

（3）主疏泄調達

疏泄調達，就是暢達無拘束的意思。人的精神狀態、情緒表現，除由心主宰外，還與肝有密切關係。一般說來，人的情緒既不抑鬱也不躁怒，是肝主條達疏泄正常的表現。反之，情緒抑鬱或躁怒，就是肝失條達的現象。疏泄的另一含意是幫助脾胃消化、吸收和輸送營養。

## 三、脾

脾主運化，主肌肉，主統血，主意，宣佈五穀味，滋養五臟六腑，四肢百骸，其性敦厚，與土相同，所以脾屬

土。脾的主要功能是幫助胃腸消化水穀，吸收和輸布營養精微，為營血生化之源。臟腑肢體各部的營養物質亦來源於脾的運化，所以說脾胃為「後天之本」。

（1）主運化、升清

脾主運化（即運輸轉化）的功能，包括兩個方面：

一是把胃所消化的食物中的精微部分，吸收、輸送到心肺，通過心肺而營養到全身；

二是運化水液，調節水液代謝等，把飲入於胃的水液中的精微上輸到肺，再輸布到全身。

這兩種運化都是上升的，所以說脾主升清（清指精微物質）。若脾氣不能升舉而下陷，即可導致瀉或內臟下垂諸症。

（2）主肌肉、四肢

其華在唇，開竅於口。人體肌肉、四肢、唇、口都是脾的外候。人體肌肉豐滿，四肢活動捷健，口唇紅潤，食慾良好，都是脾運化功能正常的一種表現。

（3）主統血

脾有統攝血液的作用，即維持血液在脈管內的正常運行，而不致滲溢到脈搏外。這就是說血脈管壁是否緻密，與脾有直接關係。脾氣旺盛，脈管緻密，就能控制血液按照正常運行，使其不致流溢脈外；反之，脾氣虛弱，脈搏管鬆弛，就會出現各種出血性疾患。

## 四、肺

肺主氣，主素降，外合皮毛，主魄，其性素降，與金

相仿，所以肺屬金。肺的主要功能是主氣，司呼吸，為體內氣體交換的通道。主治節、朝百脈，輔助心臟維持血液的正常循環。主素降，通調水道，與脾腎共同完成水液代謝的生理機能。

（1）主氣，司呼吸，朝百脈

肺主氣，就是說人體之氣皆由肺所主。氣是人體賴以維持生命活動的重要物質。肺中的氣緣於兩個方面，一是飲食物之精微（來源於脾），一是從體外吸入的氣（即新鮮空氣）。這兩方面的氣，匯於肺中，即產生「宗氣」。宗氣是促進和維持人體機能活動的動力。它一方面維持肺的呼吸功能，進一步吐故納新，使體內外氣體得到交換；另一方面由肺入心，推動血液運行，雖然由心所主，但必須有肺氣的輔助才能保持其正常的運行。肺主治節，肺朝百脈，說的就是這個意思。

（2）主肅降，通調水道

肅，是清潤肅靜的意思；降，是下降。由於肺在體內所起的作用（主氣、司呼吸、主治節、朝百脈、通調水道等）和所居部位（居於胸中，為五臟之華蓋），決定了肺氣心須是在清潤肅靜和下降的情況下，才能保持其正常的生理功能。

人體內的水液代謝，不但與脾的運化有關，與肺氣的肅降也有密切關係。肺在水液代謝中的作用有二：

一是將脾上輸來的水液中的精微，由肺氣的宣發作用，使津液溫潤於皮膚；

二是由肺氣的肅降作用，來通調水道，使其不至於發

生瀦留的現象。

因此，小便的通利與否，常與肺氣肅降功能有關。

（3）外合皮毛，開竅於鼻，主聲音

皮毛、汗孔具有調節呼吸的作用，鼻竅是呼吸出入的門戶，因此，皮毛與鼻都是肺的外候。皮毛潤澤、鼻竅呼吸通利，嗅覺正常，即是肺內功能調和的一種表現；反之，皮毛乾枯，汗液當開不開、當閉不閉，鼻竅不利，則是肺功能失調的一種表現。

（4）肺又是發聲音的器官

喉嚨與肺相通，是聲音之門戶。如果肺部有了病變，往往會引起喉嚨的疾病，而影響到聲音的變化，甚至語言嘶啞。

## 五、腎

腎主藏精，主水液代謝平衡，主骨，主志，其性潤下與水一般，所以腎屬水。腎是人體生命的根源，所以有「腎為先天之本」之說。

它的主要功能，一是有促進人體生長發育的作用，推動這一作用的動力叫作「命門」，又叫「腎陽」，或叫「元陽」。因此，有腎主命門和腎藏精的說法；二是主水液，對體內水液代謝平衡起著主要作用。

（1）藏精，主發育生殖，精是人體生命活動的物質基礎

腎藏精的含義有兩個：一是後天之精，是指由五臟六腑化生出來的精氣，它包括著能夠滋養源於飲食物裡的精

華部分，是維持人的生命，營養人體各部組織、器官，並促進其生長發育的基本物質。

二是先天之精，它又分兩部分，一部分是指人體生命活動在生長發育過程中的物質根源，即所謂的「先天之本」；另一部分是指人類生育繁殖的基本物質（與男子的精室、女子的胞宮有關），這部分精的生成、貯藏和排泄也是由腎主管。

先天之精與後天之精是相互為用的，先天之精需要後天之精的營養，才能繼續維持其生命的活動力，後天之精有賴於先天之精的蒸化。兩者是共處在一個統一體中，一方衰竭，必定影響另一方的功能。存則共存，亡則共亡。

（2）主水液代謝的平衡

腎在人體水液代謝過程中，起著很重要的作用。人體中的水液必須保持一定的相對平衡，既不能太過（太過會引起水腫），也不能不及（會出現脫水）。水液的調節主要是依靠腎氣的開合作用。開即指輸出、消耗與排泄；合就是關閉，以保持一定的貯藏量。在整個水液代謝過程中，脾是主納入（透過胃）和傳輸的，肺是主宣發水液中的精微和通調水道的，腎是主開合以調節水量的。這三部分功能的總和叫作「三焦氣化」。

（3）生髓、通腦、主骨

其華在髮，開竅於耳，通於二陰髓，是由腎精所化生，髓能養骨，骨能藏髓，髓又通於腦（「腦為髓之海」），所以說，腦、髓、骨均屬腎所主。同時，這三者與頭髮、兩耳和前後陰又都是腎的外候。

腎氣充沛，腎精盈滿，人的記憶力就強，身體也輕鬆多力，能勝任較繁重的工作，同時牙齒堅固。牙齒的堅固與鬆動是骨質再生能力強弱的外候。頭髮的光澤、生機，根源於腎，所以說髮是腎的外華。此外，髮的營養來源於血，故又有「髮為血梢」之說。耳的聽覺靈敏，大小便排泄正常，都說明腎氣充足。反之，記憶力衰退，腰肢痿軟，牙齒鬆動，頭髮枯落，耳鳴耳聾，性機能衰弱，大小便失禁等，即是腎之精氣虛衰的表現。

（4）命門的作用

命門是腎臟生理功能的動力，即人體熱能的發源地，又叫「元陽」「元氣」或叫「真火」。腎所藏的精都需要一定的溫度才能發揮其營養全身各組織、器官和衍生後代的作用。這兩種精氣中的溫度和動力，就是命門之火的表現，如果命門火衰，一方面在男子可以出現陽痿或精冷無子；在女子可以出現胞宮虛寒、白帶多或不孕等病症。另一方面也可以出現脾胃消化功能低下，而造成泄瀉或下利清穀。

上面已經談過，在水液代謝方面，三焦氣化的功能，也是依賴命門火的作用。如果命門火衰，就會引起水腫或大小便失禁等病症。

附：女子胞。女子胞又叫胞宮（即子宮、卵巢、輸卵管的總稱），具有通調月經和孕育胎兒的功能。女子胞的生理功能和腎臟及經絡中的衝、任二脈（衝脈為血海，任脈搏主胞胎）的關係最密切。

胞宮能否正常排經和孕育胎兒，決定於衝、任二脈的

盛衰，而衝任二脈的盛衰又決定於腎臟，腎精充沛，機能（命門）旺盛，則衝任二脈盛，女子就能正常地通行月經和生育子女。反之，腎精虛虧和命門火衰，則衝任脈虛，就會引起月經不調或閉經而不能生育子女。

由於月經與懷孕都和血液運行有關，而心是主血液循環的，肝是調節血量的，脾是統攝血行的，所以子宮的生理活動和心、肝、脾也有一定的關係。當肝氣不能正常疏泄，或心、脾生理失調時，也都能影響衝任二脈而發生月經失調等病症。

氣血的運行與內臟的關係十分密切，不僅氣血在經脈中運行與臟腑發生直接的聯繫，而且氣血的全部運行過程都要受到臟腑的控制，例如氣的運行。

氣自內向外達於體表，依賴的是肺的宣發，自外吸入空氣，呼出體內濁氣，依賴肺的呼吸。但是氣自胸中下降至丹田則是一方面依賴肺的肅降，另一方面依賴腎的攝納。氣能注入經脈，一方面依賴肺的輸注，另一方面依賴心的主宰。行於脈外的氣除依賴肺的宣發，還要依賴脾的補充。氣能在體內暢通無阻，靠的是肝的疏泄與條達。而血的運行亦是如此。

血能進入經脈靠的是心的主宰，其運行的動力是肺提供的氣；血不溢出脈外，靠脾的統攝；在經脈中暢通靠的是肝的疏泄；血的充盛依賴腎所藏的先天之精及脾運化的水穀之精的補充。所以，臟腑發生病變可以直接影響氣血的運行，而氣血運行失常也可影響臟腑的功能而發生病變。因此，對氣血的調整，除了以醫療和藥物為手段，進

## 五行相配

| 五行 | 水 | 火 | 金 | 木 | 土 |
|------|------|------|------|------|------|
| 臟腑 | 腎 | 心 | 肺 | 肝 | 脾 |
| 顏色 | 黑 | 紅 | 白 | 綠 | 黃 |
| 五官 | 耳 | 舌 | 鼻 | 目 | 口 |
| 竅位 | 會陰 | 祖竅 | 膻中 | 夾脊 | 中丹田 |

行直接調整臟腑機能活動以外，還要透過練習內功時氣血運行狀況加以調整。

道家內功與中醫人體觀另一大特點，是將人體視為心身統一體。強調情感與內臟的關係，認為怒與肝，喜與心，思與脾，優與肺，恐與腎有密切的關係，還認為「五臟都參與精神活動」。「心藏脈，脈含神」，「肝藏血，血含魂」，「脾藏營，營含志」，「腎藏精，精含志。」有關人體與環境的關係，道家內功和中醫的人體觀不僅將人體視為系統，而且將人體視為更大的系統，「人與天地相參」「人以天地之氣生，四時之法成」等論述都強調人體與環境的本質聯繫。認為人體的陰陽五行是受外界自然條件變化的影響的。所以，修煉與養生原則就要根據一年四季氣候的變化條件來進行調整。

如春天氣候溫和，萬物萌動，草木吐綠，大地一派生機，故春季屬木。這個季節天氣始開，地氣始泄，冰消凍解，風多無雨，與肝相通。風邪易侵入於肝，使肝氣受挫。此季節修煉，養生祛病應採用舒肝祛風，行通經絡為原則。

　　夏季氣候炎熱，萬物茂盛，大地一派繁榮，故夏季屬火。這個季節天氣炎熱，地氣向上，人體經絡氣滿，皮膚充實，熱多雨少，與心氣相通，熱邪易侵於心，令心火燥盛。此季節修煉養生祛病應以清熱解毒，平降心火為原則。

　　長夏氣候暑濕，萬物滋榮，大地一派茂盛，故長夏屬土。這個季節濕多熱高，與脾氣相通。濕熱之邪易侵入脾，脾為濕困，身軟困乏，此季節修煉養生，祛病應以健脾燥濕為原則。

　　秋季氣候涼爽，秋風漸起，萬物成實，大地一派豐收景象，故秋季屬金。這個季節天氣始收，地氣收斂，皮毛引急，腠理閉塞，燥多濕少，與肺氣相通。燥邪易侵於肺。此季節修煉養生，祛病應以清肺潤燥為原則。

　　冬季氣候嚴寒，草木凋零，萬物蟄藏，大地一派封閉，故冬季屬水。這個季節天氣收斂，地氣封蟄，寒多熱少，氣血入內，著伏骨髓，通於腎氣。寒邪易侵於腎，損傷陽氣。此季節修煉養生，應以升陽驅寒，通經活絡為原則。

　　由此從五行相生相剋的關係看，人體的氣顯然是自相作用的，而且由於氣的升降出入，必定與環境處於相互作用、相互影響、相互制約，共同構成生命系統承擔生命活動。

# 第五節　如何調心

## 一、運用意念

道家內功主要是心理活動的訓練，用意識影響身體，用心理影響生理，用外環境影響內環境，用外環境補充內環境……因此要注意意念活動的訓練。

意念有主動意念與被動意念之分。初學者是從主動意念開始練習內氣的。

什麼是主動意念呢？主動意念是練功時運用意念主動去找意守竅位或意守點。練功時要求意到氣到，意在先，氣在意念之後，稱為守竅。被動意念是經過一個時期練功有氣感後，意念沒有時也會感到氣在某部位動或氣在運行。循經走脈，氣到後才感覺到，才有意識。此為氣在先，意念在後。

練習時意守內氣運行，循環於經絡時稱之為守脈。守脈是比守竅深入一步的練功方法。

練功至此階段時，在日常生活中有時在不練功的情況下，也會感覺到氣在身體某部位運行，這就是氣在先意識在後的表現。

要想收到練功入靜的練功效果，首先要正確掌握意守方法，選擇適合自己練功的意守目標。

意守方法分為以下幾種。

## （一）意守外景

練功時選擇一外景物為意守目標。例如花草樹木，山河湖海等。選擇目標的原則是：內容簡單，自己熟悉，對自己有吸引力，能使自己心情愉快宜入靜。但不能選擇引起高度興奮、刺激性強、擾亂性大的事物作為意守對象。

意守外景時要用眼睛看，用耳聽，用意想某物。用感知器官感知該實物並守知，但意守之物不能太具體，要籠統抽象「若有若無」的樣子，在輕鬆自如的意念裡有「一守」的念頭即可。這是初學者意守的方法，能引導練功前較快地進入練功的入靜。

## （二）意守竅位

### 下丹田：

主煉精，主管生殖泌尿系統。位置在會陰深處（會陰位置在肛門與前陰之間，男子相當於前列腺處，女子在子宮口處）。下丹田是一個空竅，練習道家內功時意守下丹田主煉精，是煉精化氣之處。意守下丹田應先從守會陰開始，由會陰向上吸至下丹田，練習意守下丹田不僅可以有煉精的作用，對於精氣虧損、氣血虧虛之類病症也具有很好的療效。還可以起到將督任、兩脈接通的作用，使內氣在周身運行，循環於大小周天（圖2-1）。

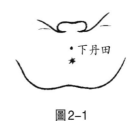

圖2-1

中丹田：

主煉氣，主管臟腑循環運化系統。

位置在肚臍內深處，是一個空竅。練習道家內功時意守中丹田主煉氣，是煉氣化神之處。古人稱中丹田為「中央無極土、萬物由此生」。

我們應認為中丹田是煉氣修丹的一個區域。是彙集、儲存和運轉內氣升降出入的基地。所以不要片面地理解為中丹田是某個穴位，或是一個點、面（圖2-2）。

上丹田：

主煉神，主管腦神經意識控制系統。位置在兩眼正中祖竅深處。

練習道家內功時意守上丹田主煉神，是煉神還虛之處（圖2-3）。

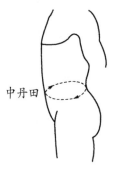

圖2-2

命門：

是練習氣道家內功的重要竅位。其位置肚臍與腰部相對，即兩腎中間。在命門兩側有左右兩腎，兩腎與命門之間又有陰陽兩竅，是調整命門與兩腎二者之間平衡的。命門屬火，腎屬水，二者相剋，兩竅居其中調和，以達水火相濟。

古人云：「丹田為生門，命門為死戶」「出腎入腎是真訣。」又云「三寸氣在千般用，三寸氣斷萬事休。」三寸氣即指命門，可見命

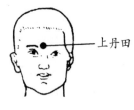

圖2-3

門之重要。

意守命門對強壯腎氣幫助很大，命門氣足即可生精，精液充足煉化成氣血還原於身，還精補腦即可長壽。意守命門就在於精氣轉化，又可行通督派（圖2-4）。

**會陰：**

是練習道家內功的重要竅位。位置在肛門與前陰之間。下丹田在會陰深處，男子相當於前列腺處，女子下丹田在子宮口，意守下丹田就是從意守會陰開始。會陰穴又是任、督兩脈的起始點連接處。練習意守會陰不僅可以生精煉精，而且還有將任、督兩脈接通的作用。使內在之氣運轉周身，生理上有顯著的變化，能達到內氣循環運行於大小周天（圖2-5）。

意守命門、會陰兩竅能多生精液，提煉氣血精華和調整經血，以補充其虧損。意守此兩竅還與精液、經血分泌、輸送器官關聯，可加強相關器官運動，調整其機能，結合意守中丹田所起的各種作用，即可增強精液分泌和調整經血的能力。精血氣充沛之後，五臟六腑以及經脈皆可暢通。

**勞宮：**

是練習道家內功的重要竅位。其位置在手掌中心處。手是手三陽

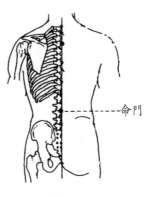

圖2-4

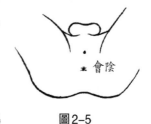

圖2-5

經和手三陰經起始點連接處，練習太極內丹功，意守勞宮時，能促氣達於梢，疏通經絡，使手部六經之氣暢順循經走脈。古人認為，「在上氣根在手」，要求「呼吸在手」。

練習道家內功意守勞宮竅位時，還能達到採納氣和發放氣的練功功效（圖2-6）。

### 湧泉：

是練習道家內功的重要竅位。

位置在足心前三分之一凹陷處。足是足三陽經與足三陰經起始點連接處。練習道家內功意守湧泉竅位時，能起到疏通足三陽經與足三陰經的作用，使六經之氣暢順循經走脈。湧泉穴又是腎經之源，腎氣乃先天之本。古人認為「在下氣根在足」，要求「呼吸在足」。

練習氣功意守湧泉位時，它還能達到採集地氣並與之相接的練功功效（圖2-7）。

### 囟門：

是練習中氣功階段時，後天轉先天功時的重要竅位。位置在頭頂中部中心處。練習內功意守囟門，待修煉到中

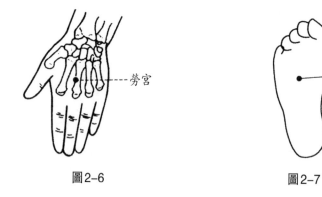

勞宮

湧泉

圖2-6　　　　　　　　　　圖2-7

氣真正通了時，便會感到頭頂囟門處開
啟，如同童嬰兒的「天靈」（即囟門）
一樣，隨先天呼吸和內氣的運行而一開
一合的上下啟動。氣由下而上行為吸，
囟門處如同洞穴一樣，隨囟門開啟時，
內氣如同流水般湧入囟門後，隨呼氣直
灌中丹田，下丹田後囟門封閉，內氣走
中腔。囟門開始啟動是練習道家內功至

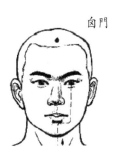

囟門

圖2-8

後天轉先天的重要轉捩點和標誌。常言「練功能返老還
童」即為此意（圖2-8）。

　　在練習道家內功中無論守哪一竅，其呼吸活動（指竅
的呼吸），都要牽連丹田活動，它們相依相連不能分開，
都要以丹田為中心，無論練哪一種功法都離不開它，所以
說意守丹田是道家內功的築基法，最為重要。

　　道家內功注重意守人體，意守某一部位稱為守竅，意
守經脈循行路線稱為守脈，還有意守呼吸，意守整個人
身。初練功者多從守竅開始，而守脈是守竅的繼續。守竅
適用於內視意守和真意意守，一般應從煉精化氣、意守下
竅開始，如中丹田、命門、會陰。

　　意守下竅生精化氣，強身健體功效明顯。後天轉先天
功法從守上竅開始，如百會、囟門、祖竅。

　　守上竅有益智聰神、開發大腦潛在功能的作用。對於
初學者來講，若練至真氣充沛周天行通時，這時竅點都在
循行之中，而且不同的練功階段，守竅也應相應轉換。因
為意守竅位不同，所產生的練功功效也各不相同。

為治病健身而練習者，則應根據自己的病情和身體狀況選擇相應的經絡和竅位。求功夫上進者，則應根據自己練功具體情況，目前達到了什麼水準了、什麼階段了，而有步驟有計劃地來選擇意守竅位和意守方法。

需要值得注意的是，我們要理解認識到練習氣功的竅位與中醫針灸時的穴位有所區別，有所不同之處在於：所謂竅位不是點，也不是面，而是圓形的體，因此守竅時意念不能守體表皮膏，而是意守體腔內，做好此類意守的關鍵是「似守非守，若有若無」。

## 二、意守方法

修煉道家內功意守方法有3種，即內視意守、真意意守和神光意守。

### （一）內視意守

即用意念想著意守處，用眼「內視」意守處，這樣便會潛意識裡放棄了眼、耳、鼻、舌、心對外界的感知作用，而是用意念去想、聽、視意守處的各種變化反應。

### （二）真意意守

指修煉道家內功到高級階段時，真念統帥了雜念之後，即可將真念注入所守事物中，意守之念與所有守之物混為一體，了無區別，意識達到高度集中，由此進入「物我兩忘」的清靜虛無的境界。

### (三)神光意守

指修煉道家內功至「覺明」階段,當出現「神光」時,將神光隨意念內收寄之於上丹田,修煉中丹田時將神光寄之於中丹田,修煉下丹田時將神光寄之於下丹田……此種意守方法,不必分辨意念行走路線。

因為意念活動沒有明確的路線,當意想某一物時,即使是距離遙遠,當意念與所想之物相吻合時,絕說不出意念經過什麼路線達到所守之物。此種運動雖然也有「目」光,但光是隨意念而動的,其所動之氣是混元氣。

## 三、意守原則

意守的方法儘管很多,但意守的原則是相同的,即似守非守、若有若無、一聚一散、神守如一。

似守非守、若有若無有兩層意義。

其一意守某一事物,不是死死守著該物不放,而是自自在在輕輕鬆鬆的,在意識裡有「一守」的念頭即可。這是指初練氣功者而言,另外,意守是真念驅使雜念守於某處,當游移之念守於某處而不動時,則與真念合為一體,此時真念發命令之驅使職能也就失去了作用。也就是說,要意守的念頭即化為烏有,而呈現似守非守。

其二,所守之物雖然是實物,但練習意守時,不是用感覺器官去感知該實物,而是以意識去感知並意守。故此守之物不能太具體、太實在,故稱「若有」。然而意守之物雖然籠統抽象,但畢竟是實物的標誌,而非空無一物,

故稱「若無」。

以上所談兩項原則看似簡單，實際上做起來並不容易，要達到上述要求，練習內功時要恰如其分並運用得當地掌握「似守非守，若有若無」的原則。

一聚一散指的是意守初級階段的方法而言，用意念引導氣達到所意守之處。此時稱為「聚」。能否聚得來，關鍵在意念是否振奮，當出現雜念時能否順利地排除雜念，再則內氣能否配合意念達到所意守之處，也是很重要的因素，因為它直接影響著意念的品質。例如意守丹田時，氣達於丹田此時稱為「聚」。隨呼吸動作氣由丹田出發而循經走脈時，意念必然隨之，此時稱為「散」。

神守如一指的是修煉道家內功到了高級階段時，真念意守階段。真念統帥了雜念後，即可將真念注入所守事物中，能守之念與所守之物混為一體了無區別，意識達到了高度集中，由此進入「物我兩忘」清靜虛無的境界也就不難了。


# 第六節　如何調息


調息是練習道家內功三大要素之一，不僅能起到對呼吸系統的調整，還直接影響到對機體內部氣血的運行。並有助於精神意念放鬆和入靜，使之修煉有素。

練習內功時對呼吸各個階段的轉化過程，是根據內功增長情況自然進行轉化的，如自然呼吸轉化為腹式深呼

吸，後天呼吸轉化為先天呼吸等。練習道家內功如還沒有達到某階段「火候」時，絕對不要人為地硬性轉化，或勉強將呼吸拉深長或縮短，這樣不僅不利於對呼吸的調整，也達不到應有的練功效果。

這種揠苗助長式的練功方法，時間長久後反而會引起一些不良反應，如憋氣、胸悶或頭昏等副作用，是值得注意的問題。

以下介紹幾種練習道家內功時的呼吸方法。

## 一、自然呼吸法

指日常生活時不學自會的自然呼吸方法，就如同在生活中根本不注意自己的呼吸一樣。練習氣功時容易掌握，少出弊病，練習道家內功時只要把自然呼吸調整到平衡、柔和自如的狀態就行了，初學者採用此種呼吸方法，便能收到一定的練功功效。如自然呼吸掌握好了以後，再進一步練習其他呼吸方法。

## 二、腹式呼吸法

### (一)順式呼吸法

指練習道家內功吸氣時，腹部逐漸隆起，呼氣時腹部逐漸收進的方法，稱之為順式呼吸法。

### (二)逆式呼吸法

指練習道家內功吸氣時，胸部擴張，腹部逐漸收進；

呼氣時胸部回縮，腹部逐漸隆起，稱之為逆式呼吸法。要求達到自己息氣相依、均勻、深長、柔和、氣沉丹田。

## 三、形息法

是指練習道家內功動作時與呼吸相配合的方法，練習時的呼吸要與動作的開合、起落、伸縮、內外、屈直、步法相協調一致，達到形、息、氣相合為一。

形動、息隨、氣至，動作與呼吸相配合的規律是：

**吸**：開、陽、升、起、外、上、動、伸、大、進

**呼**：合、陰、降、落、內、下、靜、縮、小、退

形息呼吸法的基本要求是形、息、氣相合，呼吸隨動作變化來調節呼吸，這是一般情況下的形息運動規律。但是在練習道家內功時，由於某些特定動作，要求不同或是意守部位不同，有時則不按常規的形息法，還要根據其不同的功法動作要領所需，以它特定的形息方法來練習。

以上所述是自然呼吸法、腹式呼吸法、形息法均屬於後天呼吸的方法，吸進氣由內而外走陽經，氣離丹田，呼氣時由外而走陰經，氣歸丹田。

## 四、胎息法（丹田呼吸法）

胎息法是形容胎兒在母體內透過臍帶進行呼吸，而不是胎兒靠自己的鼻、口、肺來進行呼吸。所以練習道家內功時稱「胎息法」為「先天呼吸法」。

練習道家內功達到此階段後，呼吸已不受鼻、口、肺呼吸所控制，而是會感到丹田內氣一呼一吸的前後拉動，

產生自發的「內氣鼓盪」來調節內呼吸，所以它又稱之為「丹田呼吸法」。

練習道家內功至此階段，是後天轉化為先天階段的一個重要的轉捩點和里程碑。

## 五、龜息法（冬眠呼吸法）

龜息法是更深層次的先天呼吸法，是胎息法的深入。練習達到此階段時，呼吸已步入「呼吸微微，似有似無」，類似某種類動物處於「冬眠呼吸」的狀態，它標誌著能自我調節控制呼吸心率。

經科學儀器測試研究表明，在練習入靜過程中，大腦皮質逐步抑制，機體內耗氧量顯著降低，基礎代謝下降，人體總消耗指標顯著下降，脈搏微弱似停，心肺活動降至最低點。因此，修煉道家內功進入高深階段時，如調理得當，是可以達到「冬眠呼吸」狀態的。

## 六、毛孔呼吸法

待奇經八脈打通後，體感每個毛孔都能隨呼吸而開合，周身毛孔，孔孔之氣通經脈。調息達到此階段時，功力由此倍增，自感陽氣升騰，息氣相融，精神永駐。

以上表明，練習道家內功時透過調整呼吸，可使修煉者容易進入練功入靜狀態，促進氣血運行循經走脈，增強氣機加快運轉，促進推動人體內部機能活動，改善加強氣血循環系統。

# 第七節　如何調身

調身作為練習道家內功的外在表現形態，是在一定的要領與準則下指導人體運動的，它給人最直接的感覺就是「形」。「形」也是認識道家內功的第一步。道家內功的形包括三個方面。

一是肢體動作，這是道家內功最基本形態。為達到各自練習效果為目的而產生了各種各樣的身體運動姿勢。這些姿勢有直接導引內氣的，也有表達一定意象，體現一定思想規範的，對於身心有各種輔助作用。

二是內臟運動，即透過外在的肢體運動而帶動身體內的各個器官產生運動，從而鍛鍊臟腑功能。臟腑的運動則包括臟腑自身的運動和臟腑之間相互聯繫的改善。

三是呼吸運動。即練習道家內功動作時配合各種呼吸方法，是練習道家內功的一個重要方面。

動作、意念、呼吸有機密切配合，是練習好道家內功的必要條件。

所以調整身體各部位姿勢，使之符合練習道家內功動作時的要求，對學好道家內功動作，提高鍛鍊效果很有關係，也是練習道家內功的基本功。因為正確姿勢能促進氣血的運行，錯誤的姿勢則能阻滯氣血暢通。所以形不正則氣不順，氣不順則意不守，形是氣之宅，意之所依，因此歷代養生家對於調身都是很重視的。尤其對初學者來說，

應該先重形而後重意，首先要求姿勢正確，由「形似」再向「神似」方向下工夫。

初學者要注意規矩，「沒有規矩，不成方圓」就是這個道理。看似簡單，實際上基礎得以鞏固。因此初學者首先要注重調身的練習，有重點地專心糾正，克服一些不正確的姿勢，有利於逐步提高。

練習太極內丹功對身體各部位的基本要求。

**頭部：** 頭部為經脈之總會，五臟六腑之氣血皆彙聚於此。人腦是生命的最高中樞，上丹田在腦中稱為「元神之府」，各種生理資訊都要集中在這裡進行加工處理，全身各部的生理功能皆受大腦的調節，因此，練習道家內功時首先要注意頭部姿勢的正確與否，這不僅是立身中正的關鍵，還是誘導氣血上升以養腦榮神，使神主宰全身生命活動的機能加強的重要方法。對於調整身形來講，頭部姿勢起著提綱挈領的作用。

頭要「虛領頂勁」，要求百會穴有輕輕上提之意。假想頭上似輕頂一物，不讓其掉下來一樣，說明練功時頭要保持正直，不可低頭仰面、左右斜歪。

**眼：** 由於練功時動作不同，對眼睛的要求也各不相同。例如，做採氣功時先延展及遠，隨動作採氣後眼神由遠而內收至內視丹田。又如：站樁時眼要含光默默，自始至終內視丹田或其他意守部位。

**面：** 面是身體健康狀況資訊圖，每個人的身體健康狀況變化可以在面部觀察瞭解一二，全身臟腑器官在面部都有對應點，如眼通肝、鼻通肺、舌通心、耳通腎、口通脾

等。經絡氣血均上於面而行，所以，練功時為了使氣血得以暢通、循環、調節，面部肌肉要放鬆，面部表情要放鬆自然。

口：口要輕閉，齒輕合，舌抵上齶。督脈起於會陰，止於上唇的齦交；任督起於會陰，止於下唇的承漿，所以舌抵下齶，能起到幫助任、督兩脈貫通的作用，氣功術語稱為「搭鵲橋」。任脈屬陰督脈屬陽，並有協調陰陽之功能，同時還能增生津液，待津液較多時，咽入胃臟有利於消化。津液還有生精化氣的作用。

耳：耳是血管神經密集區，全身功能狀態的訊息透過各種管道彙集於耳，所以耳部有治療全身疾病的反應點，耳又是外界訊息的集散地，因此，練功時要耳不外聞而內聽，內聽氣在丹田及意守部位的變化反應，對練功入靜意守能起到良好的作用。

項：項是頭與身軀聯繫的樞紐，是神經、血管、經絡、氣血的上下通路。項部姿勢掌握的正確與否直接影響到經絡氣血的運行，進而影響全身的機能活動，因此練功時頭要端正豎起，而且要鬆豎不要強硬，如果項部有緊張強硬的現象發生，會對神經產生刺激，影響到中樞神經正常運行。

肩：練習道家內功在鬆肩的前提下達到沉肩墜肘，是身體放鬆重要的方法，沉肩墜肘能起到幫助「含胸拔背」自然形成的作用，並有利於氣沉丹田。肩部的放鬆和旋轉，有利於手三陽經氣血順利運行到肘手。但是沉肩墜肘同時要注意兩腋虛空，不要把胳膊緊貼在肋部，要「肘不

貼肋」；肩要與腰相合形成垂直線，這樣符合立身中正的要求；兩肩鬆沉並有微向前合之意，有利於氣貼脊背，做動作時兩肩要保持平衡，要防止運動與旋轉時形成兩肩一高一低現象的發生。

**肘：**肘要自然微屈鬆墜，要保持胳膊有一定的自然彎曲度，做動作時勿使胳膊伸得過直，從而形成手臂的放鬆、開合、升降、收放、螺旋纏繞等變化。

**手：**手心勞宮穴是練習道家內功的重要穴位之一，它能起到發放和採納氣的練功效果。古人認為「在上氣之根在手」，要求「呼吸在手」。

從經絡學上來講，手是三陽經和三陰經起點連接處，全身氣血彙集於手。手部有許多穴位，經常鍛鍊手能促進氣達於梢節，疏通經絡之功效。

**胸：**胸要含，含胸要有寬舒的感覺，兩肩放鬆微向前合，可使胸腔上下放長，橫膈有下降舒展的機會，很自然地形成橫膈式深呼吸，是在不增加呼吸頻率情況下達到呼吸深度的。含胸可使重心下降和橫膈活動得到加強，橫膈的張縮變化可使肝臟和腹腔受到時緊時鬆的腹壓運動，對促進肝臟功能活動和血液流通很有幫助。

胸部為陰經交會之所，含胸可使五臟陰經氣血交換順暢，從而保證了五臟功能的正常發揮。

此外練功時胸部的開合、折疊、運化，對於上肢活動亦有很大幫助作用，可促進氣運達肩、肘、手。

**腹：**練功時腹部的開合收放，使腹腔內壓加強，形成了內臟之間互相摩擦按摩，可促進胃、大小腸、膀胱、腎

臟新陳代謝功能及這些器官的經絡得以疏通，氣血得以運行。古人稱腹為「氣海」丹田所在地。練功時腹部的深呼吸，有利於氣沉丹田的作用，功深後還會達到腹內氣在丹田鼓盪運轉，有助於潤滑胃及大小腸，同時又增強腹壁肌的韌性。練功時有時產生「腹鳴」的現象，是胃腸蠕動與腹內之氣相摩擦的表現，這對增強消化系統功能多吸收營養，提高排泄能力調節生理，使消化系統達到最佳工作狀態，具有良好的功效。

**臀**：練功時要求臀部內收不要向後突臀，其主要作用是幫助鬆胯、鬆腰、提肛，和提會陰相配合，能促使氣沉丹田。

收臀還利於身體保持立身中正和平衡，同時又可使身體重心下降，因為收臀可使整個脊柱下端的腰部放鬆和尾閭內收。

**脊背**：脊背與胸相關聯，當胸向內含時能起到含胸拔背的作用，而兩肩中間脊椎骨似有上提之意，這樣背部肌肉就形成了一種彈簧力的感覺。

脊背是督脈氣上行必經之地，含胸拔背可導引促使氣沿督脈上行，有開通閉塞，使氣順利通過三關的作用。腧穴在背部是人身氣血的總會，臟腑經氣都由腧穴而相互貫通。練習道家內功應重視脊背的鍛鍊，可起到調整陰陽、調和氣血的作用。

**腰**：練功對腰部的要求是鬆沉靈活，腰部的鬆、活、沉是為了上體之氣降達丹田的練功功效，有助於動作變化的靈活，使身體重心穩定。腎位於腰中，是煉精化氣之

所，練功時就是透過腰部的旋轉變化產生離心力而推動內氣貫注於四肢梢節的。

腰為腎之府，腎為先天之本、藏精之舍、性命之要，生氣之源命門在兩腎之間，兩腎屬水，命門屬火。練功時意守命門兩腎，水火相濟，精氣自壯，調整經血以補虧損，煉精化氣還原於身即可延年益壽。

經常做腰腿螺旋纏絲動作，可以幫助鬆活腰胯關節，提高靈敏反應和柔韌性。

**膝：**膝部承擔著全身的重量，而膝關節負擔最大，因此，膝關節必須有力而靈活，為了保持立身中正的身法，兩膝前後左右互相呼應，配合開襠圓胯，可使身體沉著有力。練功時要求用意識來放鬆，增強韌帶強度和靈活性，使氣能夠隨心所欲地節節貫穿達於足，使關節鍛鍊得滑潤、旋轉自如，使關節與關節之間能夠充分地承擔重量，從而增強耐力。在練功中應注意，為了保持立身中正、不偏不倚、保持平衡，膝關節以不宜超出腳尖為度（特殊動作除外）。

**足：**足底湧泉穴是練習道家內功的重要竅位之一，它能起到排除濁氣並與地氣相接的作用，古人認為在下「氣之根在腳」，要求「呼吸在足」。足底湧泉穴又是腎經之源，腎氣乃先天之本，由此可見足之重要。

從經絡學來講，腳是足三陰經和足三陽經起始點連接處，全身氣血彙集足，腳底又是全身各部位的反射區。練習太極內丹功能起到刺激按摩腳底的經絡穴位和反射區的作用，使六經之氣暢順地循經走脈，從而達到練功祛病健

身的目的。

　　足為步型、步法、身法的根基。根基不穩稍有偏差，步法身法必亂，必將影響到立身中正，進而影響呼吸的順遂，練功時要求足部動作須正確、靈活、穩當。使步型步法有規律的變化與整體動作相配合，以支持和調節全身重心的平衡穩定。

　　綜上所述，調身是調整形與氣的關係。猶如一杯水，形是方法，而氣是內容。對道家內功的認識與鍛鍊，如果僅僅停留在外形上，則是沒有抓住實質，只是初級階段效應。只有深入到「氣」的層次，才完成了由外及內的過程。修煉道家內功到了高級階段時的「內形」運動，此時才真正掌握了道家內功的運動規律。

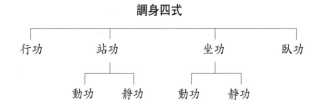

調身四式

行功　　站功　　坐功　　臥功

動功　靜功　　動功　靜功

## 坐功要訣

閉目冥心坐，凝固靜思神。

叩齒三十六，兩手抱崑崙。

左右鳴天鼓，二十四度聞。

微擺撼天柱，動舌攪水津。

鼓漱三十六，津液滿口生。

一口分三咽，以意送臍輪。

閉氣搓手熱，背後摩精門。

兩腎如湯熱，丹田似火燒。

以候津水至，口漱再吞津，

如此三度畢，津水九次吞。

咽下汨汨響，百脈自調勻。

任督行運畢，意想氣氤氳。

坐功動靜修，子後午前行。

勤習無間斷，袪病又強身。

**靜功要訣**

靜養靈根生化神，養靈養性見天眞。

練得丹田長命寶，萬兩黃金不與人。

# 第八節 精氣神與丹田

　　道家認為，天有三寶日、月、星，地有三寶水、火、土，人有三寶精、氣、神。人身三寶，損則多病，耗盡則亡；精足則氣足，氣足則神不衰。煉精化氣，煉氣化神。凝神煉氣，煉氣生精，精氣神，相互轉化、相互依存。實為一體。「壽命的長短，全靠精氣神之盈虧」。因此，修煉內功，根據身體結構，在姿勢安排和修煉方法上都十分重視對精氣神的修煉。所以長期堅持練習道家內功，不僅能防病健身，還能使人體內精足、氣滿、神旺。

　　那麼什麼是精、氣、神呢？中醫理論認為，精、氣、神是生命現象的產生及其變化的根本。

## 一、精

精是構成人體的基本物質，也是人體各種機能活動的物質基礎。對精的認識可以分為兩類，一是從源上分成為先天之精；二是臟腑功能轉化而成的精為後天之精。

中醫理論認為，先天之精來源於父母，藏於腎，所以腎有「先天之本，生命之根」之論。後天之精來源於脾胃，是依靠飲食水穀所生化而成。即飲食經人體消化吸收後變成精微的營養物質，將這後天之精輸送於各個臟腑，成為各個臟腑活動的物質基礎。先天之精也需要後天之精不斷地補充其營養，使之成為人體生命活動的物質基礎。

練習道家內功意守下丹田功法，主要是煉精。這裡所說的精，有三種含意：一是指精液；二是指內功修煉的氣血之精華；三是指婦女的經血。

人們氣血虧損的原因，男人主要是由於性生活過度或者有遺精現象，身體各部器官機能受到損害而成病。婦女則多數是由於經血不調，使氣血虧損而成疾。再則由於年老氣衰所致。

古人稱：「丹田為生門，命門為死戶」「三寸氣在千般用，三寸氣斷萬事休。」三寸氣即指命門，可見命門之重要。意守下丹田意、守命門對強壯腎氣幫助極大，命門氣足即可生精。

一般練習內功者都會體驗到練習內功能多生精液，性慾亢進，本功法加上守命門（婦女守關元氣海）與守會陰兩種練功法，就能更加多生精液，提煉氣血精華和調整經

血，以補充其虧損，並透過煉精化氣等輔助方法，使精液上升煉化為氣血，還原受益於身則益處更大。

因為命門、會陰兩守竅，與精液經血分泌輸送器官相關聯，練這兩個守竅，可加強相關器官運動，調整其機能，結合意守丹田法所起的各種作用，即可增強精液分泌和調整經血之能力。精血充沛之後，五臟六腑以及百脈皆可通暢，身體便會恢復健康。

練習有了功夫可使元氣充足，氣足生精，精足而有陽舉的現象。再煉精化氣、煉氣化神、煉神還虛，身體自會健康而延年益壽。

三丹田是根據道家內丹術中精、氣、神誰為主而劃分的。丹田是指培養精、氣、神的地方，是精、氣、神凝聚伏結之處，道家把培育調煉精、氣、神相關的重要竅位稱之為「丹田」。

練習道家內功時意守下丹田主煉精，有生精、養精、煉精化氣之功效。對於精氣虧損，氣血虧虛之類病症具有很好的療效，使生理上有顯著的變化，還可以起到將任督兩脈接通的作用，使內氣在周身運行循環於大小周天。

## 二、氣

氣是一種極精微的物質，是構成世界萬物的本源，是宇宙萬物生化的根本。生物的化生、生長、繁殖、死亡都是由於氣在起著決定性的作用。中國古代著名學者王充說「天地合氣，萬物自在」，說的就是氣生萬物的道理，「人在氣中，氣在人中，有氣才有人」。

　　人體是由多種物質組成，可見的有皮膚、骨、血、毛髮等，還有一種看不見的重要物質，這就是氣。它通達於全身，布散食物的精微，溫煦皮膚，充實形體，潤澤毛髮，它是構成人體生命本原的精微物質。這種物質越多，人的生命力就越旺盛，這種物質的不斷消耗，會使人逐步走向衰亡。練習道家內功是在不斷地補充和加強這種物質來抵抗衰老，以期延年益壽。

　　氣還是一種生命源動力。人體每時每刻都在進行工作，不斷地進行著新陳代謝、消耗與積累，猶如一架不停運轉的機器，「機器」的運轉是需要能源與動力的，而氣就是維持生命運動的能源與動力的總稱。

　　人體中的氣主要成分有三：

　　（1）先天氣亦稱元氣。所謂先天氣，是人從胎胞出生時由母體帶入體內之氣，也就是氣血之氣。因為胎兒在母腹內由臍帶把母體內的營養輸送進來才能發育成長，先天之氣也就包含其中。待嬰兒降生後，剪斷臍帶，先天氣歸於臍內，分佈全身集中在中丹田，故稱臍為命之蒂、生命的根源。練內功就是要練由中丹田歸入體內的先天之氣。

　　（2）後天的水穀飲食通過從脾胃消化吸收轉化的精微之氣又稱穀氣。

　　（3）通過口、鼻、肺採納吸入的空氣又稱清氣。這三種氣混合在一起共同發揮充養全身的作用。

　　由於氣的來源和生成成分不同，所以反映在人體內的功能作用不同，氣分佈的部位也各不相同，所以氣也有各種不同的名稱。中醫理論認為，氣在陽即為陽氣，氣在陰

即為陰氣，氣在胃為胃氣，氣在脾為脾氣，氣在脈為營氣，氣在表為衛氣，氣在中焦為中氣，氣在上焦為宗氣，氣在下焦為元氣等等。

內氣運行分四層：

（1）氣行體表

初級練習道家內功時，氣行體表有酸、麻、脹、癢、涼、熱、刺、痛的感覺，內功術語稱之為八觸。

（2）循經走脈

練習道家內功達到循經走脈時，能夠疏通經絡，促進經脈內氣運行，經絡交會反覆循環聯絡臟腑肢節，貫通上下內外，無處不至，運行周身。

（3）氣貫中腔

修煉道家內功達至後天轉入先天功後，中氣運行時已不受經絡穴位的約束。內氣如同流水貫入洞穴一樣，身軀、胳膊、腿亦是如此。

（4）氣至混元

修煉內功到混元氣階段時，要上封天門，下閉地戶。在外氣不入、內氣不出的情況下，以意念及動作導引，它如同水在瓶子裡運動時那樣。

氣是人體生命活動的一種「動力」。練習道家內功意守中丹田的過程也就是調動人體內部各種氣的積極性的過程，運用可以隨時得到調節、補充的後天之氣去滋養、扶植先天之氣，使之氣血調和陰陽互濟。內功修煉的過程是自我主動調整的過程，它對身體起著「自我修復、自我調整和自我控制」的作用。因此，它能起到祛病強身、延緩

衰老、延年益壽等作用。

所以古代修煉家稱中丹田為「中央無極土，萬物由此生」。把中丹田形象地比喻為是一塊能種植、開花、結果的田地。

## 三、神

神，主宰一身，心神之神是指大腦功能，包括人的精神、意念、思維、意識與心理狀態，是神內在表現的特徵，神的外在表現特徵，如表情、目光、面色、氣質、意識、體態等。當人體內精、氣、血充盈，五臟六腑調合時，精力就旺盛，精神就飽滿，故精能化氣，氣能化神，神能生氣，氣能生精，精神變物質，物質變精神，互相轉化、互促互長。

煉精化氣，煉氣化神，攝神煉氣，氣液生精，互相依賴，互相轉化，互相充實。精為基礎，氣為動力，神為主宰。

因為精、氣是神的物質基礎，所以當身體內精氣血充盈時，生命活動強盛，神氣也就自然旺盛。當人精神狀態飽滿時，人的面部表情、面色呈現紅潤光澤，神采奕奕，思維反應敏捷，行動靈活等。反之，精氣不足、血脈空虛、臟腑功能低下不調時，人的面部及表情則表現出面色灰暗無光澤、目無神光、精神萎靡不振、無精打采、思維反應遲鈍、行動遲緩等。

《內經》云：氣為精之行，精為神之宅，神為氣與精之用，各出於五臟，而五臟之中各有所主。氣之主主於命門，精之主主於腎，神之主主於心。精固則氣盈，氣盛則

神旺，神旺則形全，形全則長生。由此可見精、氣、神互助互立、互依互存，精足則氣足，氣足則神不衰，神以氣立，氣以神存，精氣神實為一體。

練習道家內功最重要的是大腦的意念控制先導作用。所以練功時重點強調用三性歸一的方法來練，三性歸一，即意想、內視、內聽，就是強調神在練功中起著主導控制作用。

練習道家內功時意守上丹田，有養神、煉神、煉神還虛、虛至神靈之功效。

# 第九節　性命雙修　內外雙求

道家內功認為，性命雙修其意義有二：

（1）性功修煉的是神、魂、魄、意、志、定。

（2）命功修煉的是氣、血、精、筋、骨、皮。

由此可以看出，性功修煉的是無形物質，而命功修煉的是有形物質，經由性命雙修、內外雙求的方法進行修煉，達到有形物質與無形物質在人體內有機地結合起來。是由練習道家內功的三調調心、調息、調身，三者密切地配合，以內煉精、氣、神為主要目的，以意守放鬆入靜為核心的自我鍛鍊方法。

道家內功把精、氣、神稱之為人身「三寶」，認為它們是構成人體生命活動的主要物質和功能活動基礎。精、氣、神三者之間能夠相互依存、相互轉化、相互依賴，性

命雙修是煉精化氣、煉氣化神、煉神還虛的過程，同時也是「精神變物質，物質變精神」的轉化過程。兩者在具備一定的條件下互相轉化，其轉化的形式就是能量轉換。這就是練習道家內功能改變形體、袪病健身、增功、增智、開發人體潛能的功能所在。

人體的各種潛能主要存在於無形物質中，當然，此種無形物質在人體中並非平均分佈，而且有些部位表現的比較集中，有些部位則表現的比較彌散，其集中之處就形成了能量中心「丹田」。要開發人體的各種「功能」「潛能」，主要從這些能量中心「丹田」及「竅位」著手，練功便可收到事半功倍之效。

中國一句名言：「生命在於運動。」而練習道家內功是最好的運動方法。從以上可以看出，練習道家內功與體育運動的根本區別在於，體育運動著重鍛鍊有形結構，而道家內功在鍛鍊有形結構的同時又著重鍛鍊無形物質，並由無形物質的變化而改進有形結構。兩者的鍛鍊方式完全不同，所以練習道家內功具有一般體育鍛鍊所達不到的功效。道家內功所求的「性命雙修」「內外雙求」就是這個道理。

# 第十節　纏絲功

纏絲功是練習太極內丹功既科學又獨特的訓練方法。所以練習太極內丹功須明纏絲功，不明其理就不懂其法，只懂纏繞而不修煉纏絲內功乃捨本求末。

什麼是纏絲功？纏絲功是隱於體內、入於骨縫、循經走派、纏繞運行而流布周身的一種內功。怎樣求纏絲功？外循螺旋內合纏絲，使螺旋之外形合於纏絲之內氣，久而久之即可形成混元之氣。內纏外繞，外呼內應，互為表裡，以獨特的纏絲功法結合內氣的導引，使練習道家內功時達到表裡一致、內外相合、周身一家，久久練習即可形成纏絲內功。內功是纏絲功形成之基礎，纏絲功是圓形運動法則，運用於外是螺旋運動，隱於內則是纏絲內功。

太極內丹功的螺旋纏繞運動，是在思想意識指導下以內功為動力，透過旋轉摧動外形，形成圓形或弧形運動。以達到身體各部位的虛實轉換，是纏絲功精華所在。纏絲功中的纏絲大致分為裡纏、外纏、大纏、小纏、左纏、右纏、上纏、下纏，前纏、後纏、正纏、斜纏等表現方式，但歸納起來可分為兩種：一是順纏，二是逆纏。

小指由上向下，大拇指由下向上合為順纏；反之大拇指由上向下，小指由下向上領動為逆纏。以肘關節而言，肘關節向外開，勁力向外走為逆纏；肘關節向裡合，勁力向內走為順纏。身及腿亦是如此，運動時都要做螺旋式纏繞而形成圓形運動。大家知道圓形承受力最大，受阻力最小。因為圓形運動可以改變外來力和自身的角度和方向，還可以改變運動速度。

練習纏絲功有以下幾個轉變過程，先練由大圈至中圈，再由中圈變小圈，直至達到有圈而不見圈、有形而不見形的精深功夫。這樣纏絲功運用在推手技擊上就能達到力發一點，點點透骨了，這是纏絲功高深功夫的表現。打

一比喻，如果我用2500克重的棉被來打你，你不會感到害怕會傷害到自己，反過來我用同樣重的2500克鐵砧來打你，你就會馬上意識到身體或生命受到威脅了。

這是什麼原因呢？這就是同樣的重量只因為體積變小而力量集中了的緣故，所以會在小的體積上產生出巨大的能量與穿透力。這樣的效果運用於太極推手中叫力發一點、點點透骨。它在推手技擊搏爭之中，能起到以小力破大力、以弱勝強、四兩撥千斤的作用。所以此功法是練習太極內丹功的重要技術。

纏絲功能夠使全身內外一動無有不動之處，在同一時間內綜合地完成神經、呼吸、循環、經絡、肌肉及五臟百骸系統的鍛鍊。堅持練習纏絲功又可內練精氣神，外練筋骨皮，由經絡入骨髓，氣達周身，逐漸形成一種混元氣。在練習太極內丹功時，可處處體現圓形運動，使頭、胸、腰、腹、臀、肩、肘、腕、膝、足處處纏絲，全身上下18個關節部位形成18個小球，多方位的同時順逆螺旋纏繞，從而使全身成為一個動靜相兼、開合相變、內外合一、上下相隨、周身一家、混元一體的由18個小球組成一個大的太極球。

纏絲功技術運用於推手技擊時，就能一動一太極，一觸即旋轉。快觸則快轉，慢觸則慢轉。形未動意先動，彼微動己已轉，一動無有不動，陰陽虛實變換自在其中。旋轉時陰面為引空，陽面為進擊，稱之為引進落空合即出。形成化中有發、發中有化的亂環圈。又由於丹田呼吸練成的先天之氣，使太極球中充滿了混元氣，周身形成一種氣

膜，神氣護體內功渾厚，使之破之不開撞而不散。

　　發動時丹田內氣鼓盪，就能在接觸點上形成有彈簧勁或崩勁的亂環圈，勁發一點，點點透骨，而攻無不取，無堅不摧，運轉自如後隨心所欲，臨陣交手，彼如臨旋渦之中，而我如同不倒翁而立於不敗之地。

　　練習纏絲功非常注重腰脊的螺旋纏絲，胸腹的折疊開合又是練功中的一個突出特點。在腰脊螺旋升降運轉之中，胸腹相開由裡而外為逆纏，胸腹相合由外而裡為順纏。練功時的每一招每一勢總是以腰脊的螺旋纏繞開合折疊主宰全身肢體的螺旋變化。或一順一逆，或雙順雙逆，或順纏左下合，逆纏右下開。右胸和左腹斜向相合相開，渾身俱是纏絲勁，似蛟龍左旋右轉，似麻花亦絞亦擰，似旋渦湍流急轉，又似大海波濤翻滾。運化全在胸腹之間，胸為乾，腹為坤，兩卦大體陰陽，是以身軀的纏繞運化最為重要，纏絲內功皆源於此。故拳經云：「渾身俱是纏絲勁，大約裡纏、外纏，皆是隨動而發。」「其勁發於心內，入於骨縫，外達於肌膚。」

　　五臟藏於胸腹，經絡源於五臟，心為一身之主，腹為內氣之源，腰為發動之機，胸為運化之府，脊為督氣之徑，腹為運氣之道。練習時如氣海不做吸引，胸腹不做開合，則中氣就不能達於丹田，經脈也難以溝通。故外則由腰脊的螺旋運轉，胸腹的折疊運化來帶動肩、肘、腕、胯、膝、足和項的螺旋運動，由頭頂至足上下相隨，螺旋升降，一動無有不動之處，一纏無有不纏之處而形成18道螺旋之圈。內則以心神為君，腎間動氣發於丹田，貫於經

絡，行於血脈，入於骨縫，達於四梢。纏繞運行使之周流全身而又復歸丹田。其重要者即氣不離丹田、心息相依、息息歸根、根在丹田、收在丹田。諸靠纏繞心身一家，可練至一粒混元氣。形成一股而非幾股的纏絲內勁，可見內纏外繞最為重要，也最為基本。

要想明其理、懂其法並應用之，須有經驗的老師指導引路，再經過長期認真刻苦研練，功到自然成，一定能掌握並運用好纏絲功，將會使內功水準有更進一步提高。

# 第十一節　論入靜

入靜是練好道家內功的關鍵。不同層次的練習方法，可達到不同程度的入靜功效。入靜有鬆靜、平靜、心靜、定靜、虛靜、真靜、明靜、靈靜8個層次。

**鬆靜：**

是練習道家內功時入靜的初始階段，首先要將注意力放在調整身體各個部位及動作的放鬆上，因身體的放鬆可導致思想意念上的放鬆入靜，精神意念上的放鬆又可導引身體上的放鬆，兩者之間互相影響、互相促進。

**平靜：**

在身體、精神、意念鬆靜的前提下，安下心來、平下心來清除一天生活中、工作中繁瑣之事及日常生活經歷之事，以達到思想情緒淡化，排除雜念，心平氣和地進入練功入靜狀態。

**心靜：**

用三性歸一的方法來達到練功入靜的目的，即意不外馳而內守，眼不外看而內視，耳不外聞而內聽的意守練功部位，這樣就能潛意識裡放棄眼、耳、鼻、舌、身對外界的感知作用。

這種以「鎖心猿、拴意馬」心神專一修煉入靜的方法，道家內功術語稱之為「封閉四門」，以引導練功入靜，用以排除外部環境及自身內部環境對練功入靜時的影響干擾。

**定靜：**

練功時要清心寡慾，以此來消除內心世界裡的七情六慾對練功時的影響干擾。進行自我修補，戰勝自我，而不為世上七情六慾所動心，心定神安地來練功。

**虛靜：**

練功修煉至此階段時，導致入靜發生了質的變化。修煉時可感到意、氣、神相依，意守時似守非守，似有似無，體內某些感受器官和潛在功能調節系統被啟動。

**眞靜：**

萬物俱虛，物我兩忘，天地人渾然一體。人體內潛在功能得以調動激發，意識活動基本上消失，達到得意志象（形）。此為功無功，意無意，無功無意是真意的表現。達此階段時獲得了真正生理意義上的人身自由，即古人所講超脫塵世而得道。

**明靜：**

練功進入無意的入靜階段時，人體內潛在的特異功能

得以開發，隨先天功及「開天目」覺明現象的深入，修煉時呈現出一些「內景觀」行為，此時修煉身心狀態步入了一個嶄新的境界。

**靈靜：**

是入靜的高深層次，人體潛在的特異功能得以調動激發。修煉時呈現出一些「內觀景」和「外觀景」行為。雖此階段是入靜的高深階段，但藝無止境法自修，隨入靜活動的精進，還會繼續向更深層次發展。

# 第十二節　心理對生理的影響

練習道家內功時意守竅位，具有第二信號系統調節人體機能活動的作用。我們透過脈象儀測試，觀察到當練功者意守勞宮時，相應部位上肢血流量呈顯著地增加，而非意守部位的下肢血流量卻有下降。當意守頭部時則血壓上升，意守足部時則血壓下降。意守丹田取其中，呼吸頻率顯著減慢，激素也相應增加，下丹田區域血流量明顯上升，意守部位周圍皮膚穴位溫度也明顯上升。

以上這些變化是內功功能狀態下具有特徵性的生理反應變化。因此證明了練習道家內功時由於意守部位不同，則練功功效也不相同。

當練功時可感覺到意守部位，例如手、足、丹田、命門、會陰等竅位有發熱、跳動、發脹、氣行等感覺。這便是內功中所講的「氣感」，是練功者進入內功態後，按照

以意領氣的原則，意到氣到，氣到血到，使相應的意守部位血氧增加的反應。這就是道家內功之所以能夠自我調節祛病強身的生理學基礎。

我們觀察到當人體進入放鬆意守入靜狀態時，對外周循環和微循環產生一定的影響。練功時外周血管由收縮轉為擴張，表現在微循環多種指標的改善，毛細血管血流量也比平時增加14～16倍。由於外周血管的擴張和毛細血管血流量的增加，攜帶血氧等營養物質、激素也相應增加，可出現耗氧量、腦電、肌電、血壓、心率、呼吸頻率和交感神經活動降低等變化。

這也是許多老年人能夠老年斑變淺或消失，能夠鶴髮童顏、五臟健壯的原因。

練習道家內功時由放鬆、意守、入靜，使中樞神經系統進一步得到調整、修復、平衡。同時也促進了循環系統功能，提高了機體免疫機能，影響生化代謝內分泌功能等，從而使機體自我調節系統趨向程式化更高的狀態。這便是道家內功用心理影響作用於生理功能的精神變物質，物質變精神的體現。這對保健康復、防病治病、延年益壽、增功增智、開發人體潛能都有著極其重要的意義。

# 第十三節　怎樣劃分先天氣與後天氣

**先天：**

如同嬰兒在母體內靠母體由臍帶輸送營養供其成長，

不用自己的口、鼻、肺進行呼吸稱之為先天氣、先天呼吸。

**後天：**

當嬰兒降生後，以飲食供給營養賴以生存，用自己的口、鼻、肺來進行呼吸，稱之為後天氣、後天呼吸。

練功到什麼階段才能將後天呼吸轉化到先天呼吸？練習道家內功時達到以丹田（*胎息法*）來進行呼吸以後，是後天呼吸轉化到了先天呼吸階段的轉捩點和標誌。

練習道家內功到什麼階段才能達到後天轉變為先天？

為了說明問題，還要從嬰兒說起。當嬰兒出生落地，剪斷臍帶，先天氣歸於臍內分佈全身，嬰兒在成長過程中，有一部分還靠先天氣供給營養物質，隨著嬰兒一天天長大，眼、耳、鼻、舌、心、身對外界的感應、認識、理解的過程和七情六慾的產生，每天都在損耗著先天氣，先天氣在一天天的減少，為了保存賴以生存的先天氣，嬰兒在3歲左右就「囟門封閉」了，就是這個道理，民間稱之為「封天靈蓋」。

練習道家內功到了中氣功的較深階段，便可感到囟門重新開啟，頭頂部囟門處如同嬰兒的「天靈蓋」一樣在動。

隨練功時的呼吸、氣的升降而開合，此時可感悟到內氣向上時囟門開啟，內氣如同流水一樣，從囟門處向下澆灌五臟、貫注丹田後囟門封閉，如此反覆循環。

練習道家內功到了中氣功的囟門開啟階段，是後天轉化為先天的重要轉捩點和標誌。

# 第十四節　什麼是七情六慾

　　無論採取什麼形式，練習哪種功法，都必須排除七情六慾的干擾。喜、怒、憂、思、悲、恐、驚之七情六慾與氣機的變化有著密切的關係。

**七情：**

　　喜則氣緩。喜之過甚則氣過緩，可致氣短不續。

　　怒則氣止。始傷肝，肝藏血，氣為血之帥，肝氣上逆，率血向上妄行，會導致嘔血。如肝氣橫逆則剋脾土，脾失健運，消化不良而致瀉。

　　憂思氣結，憂傷脾，思傷胃。思則精神集中，思久則氣機不暢，致氣留結於中而不行，能使脾胃消化功能呆滯。

　　悲則氣消。悲傷過度則呼吸失常，氣塞不通，塞而化熱，熱又耗氣，從而導致氣受消耗損傷。

　　恐則氣下。恐傷腎，可致二便失禁。

　　驚則氣亂。驚傷心，心藏神，驚則神亂，而致心氣無所依，神無所歸。

**六慾：**

　　眼、耳、鼻、舌、身、意；（外）

　　色、聲、香、味、觸、法。（內）

　　眼視色、耳聽聲、鼻嗅香、舌辨味、身覺觸、意看法。

上述七情六慾可導致人體氣機方面的病變，練功階段尤須注意，以防受其侵害。練功時要求做到：心情舒暢，排除雜念，心神專一，呼吸自然，收視返聽，含光默默，三性歸一，意守丹田，採取這樣的形式練功是一劑有效的良藥，它能調節、疏緩身心方面的緊張狀態，使大腦皮質在運動時得到充分休息，提高大腦皮質的機能，使肌體反應敏捷，動作靈活，從而減低神經系統的緊張性，防止因精神緊張因素誘發的諸多心理疾病。

由此可見，道家內功不僅能促使身體健康，還能促進心理健康，身心俱健才算是真正的健康。

# 第十五節　論經絡

經絡是經脈和絡脈的總稱。經脈貫通上下和表裡，是經絡系統中的主幹；絡脈是經脈別出的分支，較經脈細小，縱橫交錯，遍佈全身。

中醫學認為，經絡內屬於臟腑，外絡於肢節，是貫通臟腑與體表的通道。它一方面輸送氣血，調節體內組織功能活動；另一方面把人體上下內外、五臟六腑等器官、組織有機地聯繫起來，使之成為一個統一的整體。

經絡學說是研究人體經絡系統循行分佈、生理功能、病理變化及其與臟腑相互關係的理論知識。它是針灸、推拿、氣功（內功）的理論基礎。

## 一、經絡系統的組成

經絡系統由十二經脈、奇經八脈、十五絡脈和十二經別、十二經筋、十二皮部，以及許多系絡、浮絡、血絡組成。其中以十二經脈、奇經八脈為主體（表2-1）。

### 表2-1 經絡系統表

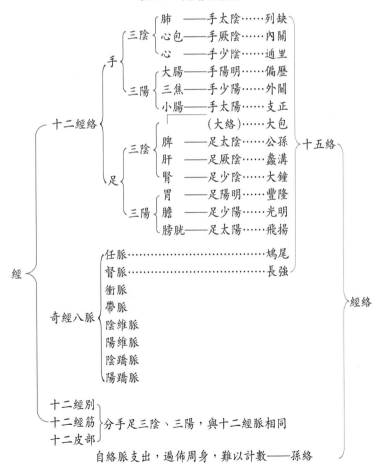

## 二、經脈的循行

### (一)十二經脈的循行分佈與交接

十二經脈左右對稱地分佈於頭面、軀幹和四肢，縱貫全身。六陰經分佈於四肢的內側和胸腹，其中上肢內側為手三陰經，下肢內側為足三陰經；六條陽經分佈於四肢的外側和頭面、軀幹，其中上肢外側為手三陽經，下肢外側為足三陽經。手、足三陽經在四肢的排列是陽明在前、少陽居中、太陽在後；手三陰經在上肢的排列是太陰在前、厥陰居中、少陰在後；足三陰經在小腿下半部及足背，其排列是厥陰在前、太陰居中、少陰在後；至內踝上8寸處足厥陰經同足太陰經交叉，變為太陰在前、厥陰居中、少陰在後。

十二經脈的走向是：手三陰經從胸走手，手三陽經從手走頭，足三陽經從頭走足，足三陰經從足走胸腹。

表2-2　十二經脈臟腑表裏銜接

| 陰 | | 臟（裏） | | 腑（表） | | 陽 | |
|---|---|---|---|---|---|---|---|
| | | 胸中銜接 | 四肢銜接 | 頭面銜接 | | | |
| 太陰 | 手 | 肺 | 手次指內端（商陽）→ | 大腸 | 鼻孔旁（迎香） | 手 | 陽明 |
| | 足 | 脾 | 足大趾內端（隱白） | 胃 | | 足 | |
| 少陰 | 手 | 心 | 手小指端（少衝、少澤） | 小腸 | 內眼角（睛明） | 手 | 太陽 |
| | 足 | 腎 | 足小趾端（至陽） | 膀胱 | | 足 | |
| 厥陰 | 手 | 心包 | 手無名指端（關衝） | 三焦 | 外眼角（瞳子髎） | 手 | 少陽 |
| | 足 | 肝 | 足大趾外端（大敦） | 膽 | | 足 | |

十二經脈的銜接見表2-2。

十二經脈通過手足陰陽表裡經過的連接而逐經相傳，構成一個週而復始、如環無端的傳輸系統。

下面將分別介紹每一經脈的循行路線。

## 1. 手太陰肺經內氣循行路線

起於中焦（中脘），向下聯絡大腸然後回繞過來沿著胃上口，通過橫膈屬於肺臟。其後由肺系（肺與喉嚨聯繫的部位）橫行出來（中府），向下沿著上壁內側，行於手少陰經和手厥陰經的前面，下行到肘窩中，沿著臂內側橈側前緣出拇指內側端（少商）；其支脈從列缺處分出，一直走向食指內側端（商陽），與手陰明大腸經相接（圖2-9）。

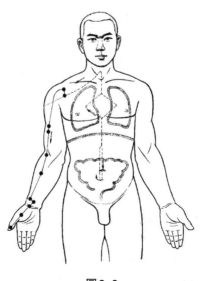

圖2-9

## 2. 手陽明大腸經內氣循行路線

起於食指末端（商陽），沿食指橈側上行，由第一、二掌骨之間，向上入兩筋之間凹陷處，然後沿前臂前方至肘部外側，再沿上臂外側前緣上走肩端，經過肩峰前緣，向上出於大椎穴（手足三陽經聚會處）再由此下行入缺盆聯絡肺臟，通過橫膈，屬於大腸；其缺盆部支脈上走頸部，經面頰入下齒齦，回繞至上唇，交叉於人中，分佈在鼻旁兩側，與足陽明胃經相接（圖2-10）。

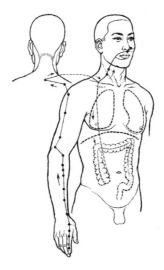

圖2-10

## 3.足陽明胃經內氣循行路線

起於鼻翼兩側（迎香），上行至鼻根旁側與足太陽經交會，向下沿鼻外側入上齒齦，回出環繞口唇，向下交會

於頷唇溝承漿（任脈），再向後沿口腮後下方，出於下頷
（大迎），沿下頷角上行耳前經上關（足少陽經）沿髮際
到達前額（頭維）；其面部支脈由大迎向下沿喉嚨入缺
盆，再向下穿過橫膈屬胃絡脾臟；其缺盆部直行之脈經乳
頭向下挾肋旁近入少腹兩側氣衝；其胃下口部支脈沿腹裡
向下至氣衝會合，再由此下行至髀關，抵伏兔穴，通過膝
蓋沿經骨外側前緣下經足跗，到達第二足趾外側端（屬
兌）；其經部支脈從膝下（足三里）分出，入足中趾外
側；其足跗部支脈從跗上（衝陽）分出，入足大趾內側端
（隱白）與足太陰脾經相接（圖2-11）。

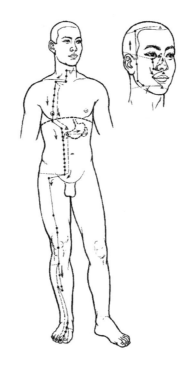

圖2-11

### 4.足太陰脾經內氣循行路線

　　起於足大趾末端（隱白），沿大趾內側赤白魚際，遇大趾節後核骨上行至內踝前，再經小腿肚沿脛骨後交出足厥陰肝經的前面，經膝、股內側前緣上行入腹，屬於脾臟，聯絡胃，然後貫橫膈上行，挾食管兩旁上系舌根，散舌下；其胃部支脈上貫橫膈注於心中，與手少陰心經相接（圖1-12）。

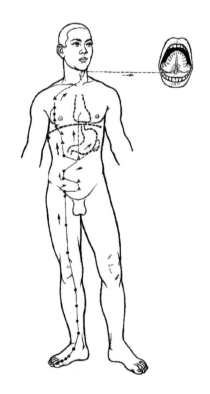

圖2-12

### 5.手少陰心經內氣循行路線

起於心中，出屬於「心系」（與心相聯繫的臟器）穿過橫膈聯絡小腸；其心系向上之脈則挾食管上行連於「目系」（眼球聯絡於腦的部位）；「心系」直行之脈上行於肺，然後出於腋窩（極泉），沿上臂內側後緣行於手太陰經和手厥陰經的後面，抵達肘窩後沿前臂內側後緣至掌後豌豆骨部，入掌內，沿小指內側至末端（少衝）與手太陽小腸經相接（圖2-13）。

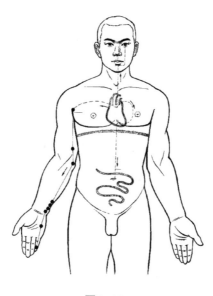

圖2-13

### 6.手太陽小腸經內氣循行路線

起於小指外側端（少澤），沿手背外側至腕部出於尺

骨莖突，然後沿前臂後緣向上，經尺骨鷹嘴與肱骨內上髁之間，沿上臂外側後緣繼續上行，出於肩關節，繞肩胛部交會於大椎（督脈），向下入缺盆聯絡心臟，並貫橫膈到達胃脘部，屬於小腸；其缺盆部支脈沿頸部上達面頰，至目外眥，然後轉入耳中（聽宮）；其頰部支脈上行經目眶下抵鼻旁，至目內眥與足太陽膀胱經相接（圖2-14）。

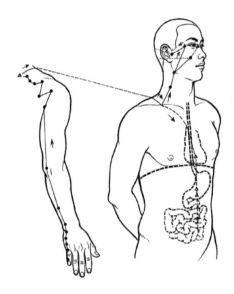

圖2-14

## 7.足太陽膀胱經內氣循行路線

起於目內眥（睛明），上額交會於巔頂（百會，屬督脈）；其支脈由頭頂行至兩側顳顬部；其直行之脈由頭頂入裡聯絡於腦，回出後分開下行項後，沿肩胛內側下行，挾脊柱抵達腰部，然後從脊旁肌肉進入腹腔，聯絡腎臟，

屬於膀胱；其腰部支脈經臀部下行進入膕窩中；其後項之脈通過肩胛內緣直下，經臀部（環跳）沿大腿內側繼續下行，與腰部下行的支脈會合於膕窩中，然後由此下行，經小腿肚內出於外踝的後面，沿第五蹠骨粗隆至小趾外側端與足少陰腎經相接（圖2-15）。

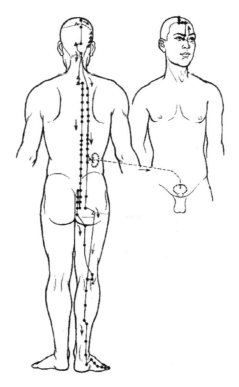

圖2-15

## 8.足少陰腎經內氣循行路線

起於足小趾下，斜向足心，然後出於舟骨粗隆下，沿

內踝後進入足跟，再由腿肚內側上行，出膕窩內側，沿股部內後緣上行，通向脊柱，屬於腎臟，聯絡膀胱；其腎臟直行之脈由腎向上由肝並貫穿橫膈進入肺中，沿喉嚨上行挾於舌根部；其肺部支脈由肺部出來聯絡心臟，流注於胸中，與手厥陰心包經相接（圖2-16）。

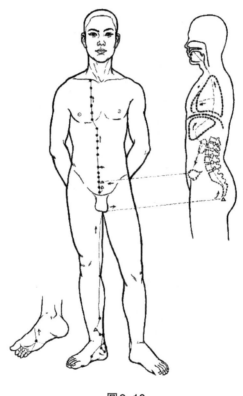

圖2-16

### 9.手厥陰心包經內氣循行路線

起於胸中，出屬心包絡，向下穿過橫膈，從胸至腹依

次聯絡上、中、下三焦；其胸部支脈沿胸中出脅部，至腋下並上達腋窩，然後沿上臂內側下行，進入肘窩後在前臂兩筋之中繼續下行進入掌中，沿中指到指端（圖2-17）。

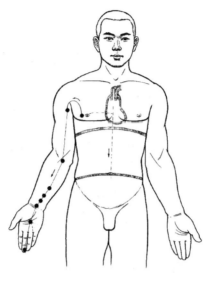

圖2-17

## 10.手少陰三焦經內氣循行路線

起於無名指末端（關衝），向上出於第四五掌骨間，由腕背出於前臂外側橈骨與尺骨之間，向上通過肘尖，沿上臂外側上達肩部，交出足少陽膽經的後面，向前入缺盆，分佈於胸中，聯絡心包，向下通過橫膈由胸至腹，屬上、中、下三焦；其胸中的支脈從胸向上出缺盆部上走項部，沿耳後直上至額角，再曲而下行至面頰部到達目眶下部；其耳部支脈從耳後入耳中，出走耳前與前脈交叉於面

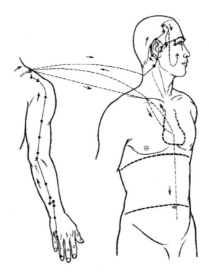

圖2-18

頰部，到達目外眥與足少陽經相接（圖2-18）。

## 11.足少陽膽經內氣循行路線

起於目外眥，向上至額角部，下行至耳後，然後沿頸部行於手少陽經之前，在肩上與手少陽經相交並行於其後，向下進入缺盆部；其耳部支脈由耳後入耳中，出走耳前到目外眥後方；其外眥部支脈下走大迎，會合於手少陽經而抵目眶下，並下行經頰車，由頸部向下會合前脈於缺盆，然後入胸中，通過橫膈聯絡肝臟，屬於膽，再沿肋內出於少腹兩側的腹股溝，經過外陰部毛際，橫行入髖關節部；其缺盆部直行之脈下行腋部，沿側胸部經季肋向下會合前脈於髖關節，再沿大腿內側向下，出於膝部外側，經腓骨前方下行到腓骨下段，再下至外踝前方，沿足跗部進

入足第四趾外側端。其足跗部支脈從足臨泣分出，經第一、二蹠骨之間出於大趾端，穿過趾甲，回至趾甲後毫毛處與足厥陰肝經相接（圖2-19）。

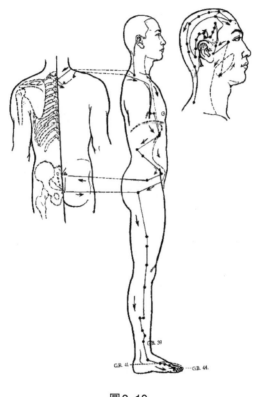

圖2-19

## 12.足厥陰肝經內氣循行路線

起於足大趾外側毫毛處（大敦），沿足跗部向上，經內踝前方向上，在內踝上方（三陰交）交出足太陰經的後方，上行至膝內側，繼續沿股內側上行至陰毛，繞陰器上

達小腹部，挾胃旁屬於肝臟、聯絡膽腑，向上貫橫膈分佈
於竅肋，並沿喉嚨後方上行入鼻咽部，連接於「目系」
（眼球聯繫於腦的部位），向上出於前額與督脈會合於巔
頂；其目系的支脈下行頰裡，環繞唇內；其肝部支脈從肝
分出，貫穿橫膈向上流注於肺，與手太陰肺經相接（圖
2-20）。

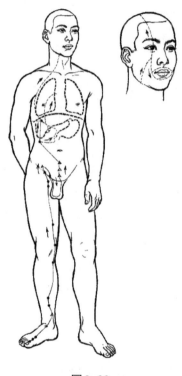

圖2-20

## (二)奇經八脈的循行與分佈

奇經八脈交錯地循行分佈於十二經之間。它們既不直

屬臟腑，又無表裡配合關係，別道奇行，故為奇經。其分佈也不像十二經那樣有規律，其中督、任、衝三經皆起於胞中，同出會陰，督脈行於腰背正中，上至頭面；任脈脈行胸腹正中，上抵頷部；衝脈與足少陰腎經相並上行，環繞口唇；帶脈起於窮下，環腰一周，如同腰帶；陰維脈起於小腿內側，沿腿股內側上行，至咽喉與任脈會合；陽維脈起於足跗外側，沿腿膝外側上行，在項後會於督脈；陰蹻脈起於足跟內側，隨足少陰等經上行，與陽蹻脈會於目內眥；陽蹻脈起於足跟外側，伴足太陽等經上行，與陰蹻脈會合後沿足太陽經上額，與足少陽經會於項後。

奇經八脈的功能一方面貫通十二經脈之間的聯繫，另一方面調節十二經氣血的運行，故與氣功鍛鍊密切相關。氣功鍛鍊達到一定境界，氣運周天均與任督兩脈有關。其中小周天為任督脈貫通，大周天為任督與十二經脈貫通。

下面分別介紹奇經八脈的循行路線：

### 1.任脈內氣循行路線

起於小腹內，下出於會陰部，向前上行至陰毛部，沿著胸腹內壁向上到達咽喉部，再向上行，環繞口唇，經面部進入目眶下（圖2-21）。

### 2.督脈內氣循行路線

起於小腹內，下出會陰部，向後行於脊柱的內部，上達項後風府，然後進入腦內，上行巔頂，沿前額下行鼻柱，至上唇內唇系帶處（圖2-22）。

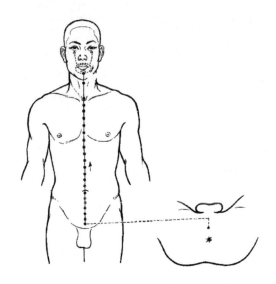

圖2-21

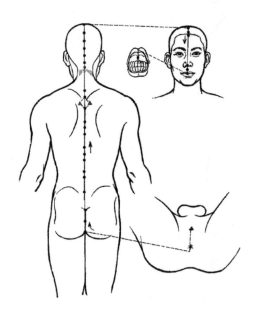

圖2-22

### 3.衝脈循行路線

起於小腹內，下出於會陰部，然後上行於脊柱之內，其外行者經氣衝與足少陰交會，沿腹部兩側上達咽喉，環繞口唇（圖2-23）。

### 4.帶脈內氣循行路線

起於季肋部的下方，斜向下橫行繞身一周，如同腰帶（圖2-24）。

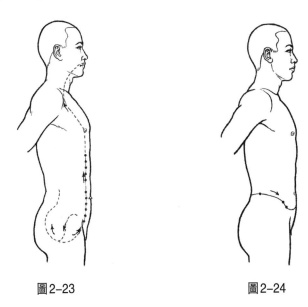

圖2-23　　　　　　　　圖2-24

### 5.陰維脈內氣循行路線

起於小腿內側，沿大腿內側上行至腹部，與足太陰經相合，經胸與任脈會於頸部（圖2-25）。

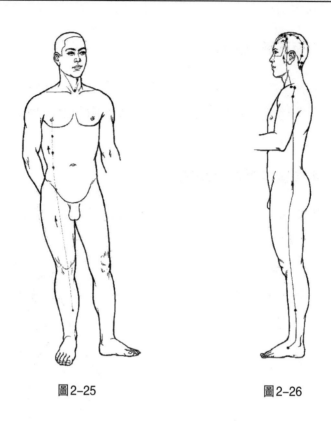

圖2-25　　　　　　　　　　　圖2-26

### 6.陽維脈內氣循行路線

　　起於足跟外側，向上經過外踝，沿足少陽經上行至髖關節，經脅肋後側由腋後上肩，至前額，再下至項後，合於督脈（圖2-26）。

### 7.陰蹻脈內氣循行路線

　　起於足舟骨後方，經內踝沿大腿內側上行，經過陰部沿胸內繼續上行，進入鎖骨上窩，然後經人迎的前方上

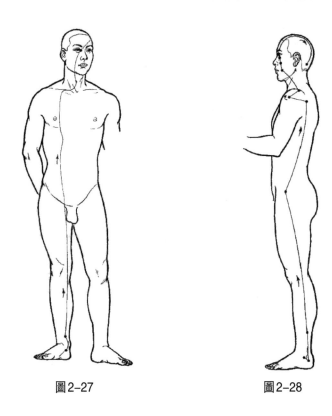

圖2-27　　　　　　　　　圖2-28

行，過顴部，抵目內眥，與足太陰經和陽蹻脈相會合（圖2-27）。

### 8.陽蹻脈內氣循行路線

　　起於足跟外側，經外踝上行至腓骨後緣，再沿股部外側和窮後上肩，經頸部上挾口角，進入目內眥，與陰脈會合，再沿足太陽經上額，與足少陽經合於風池（圖2-28）。

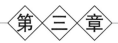

# 太極內丹功學練方法

## 第一節　練功時辰與方位指南

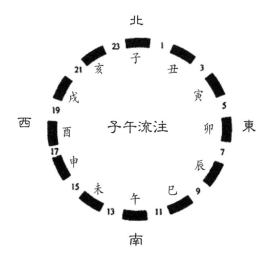

午時——面南：採日精以補陽氣。

子時——面北：取月華以滋陰氣。

卯時——面東：長氣生根，陰陽互濟，調節平衡。

酉時——面西：陰陽互濟，調節平衡。

選擇練功方向，是中國古人根據地球自轉和公轉所產生一天的陰陽變化和一年四季陰陽變化的情況，以及地球南北磁場能量的作用等原理，對人類在生理上和生活上所產生的影響，而總結出來的一種練功方法。

如同中國古人發明的指南針，能識別方向的道理一樣，現在研究起來很有科學道理。因此，修煉者遵守練功方向和時間，能起到潛移默化、事半功倍的練功效果。

# 第二節　學練步驟

學練太極內丹功一般分為6個階段。

## 第一階段　練形階段

就是認真學習掌握各段功法的動作要領，做到準確、順暢、熟練地完成各功法動作。

在做動作的同時，要檢查身體各部位是否符合要領，逐漸掌握動作規範及要求。

這一階段是練形階段。要力求達到外三合與周身相合，注意力應集中在練形上，即動作上。

不要過多地注意意念，更不要去追求、執著於意引氣行的路線、竅位及呼吸等。要順其自然，這是練習好本功法的基本功。

一定要反覆認真學練，為下一階段的提高打好基礎。

## 第二階段　練氣階段

在第一階段的基礎上，將注意力逐漸轉移到呼吸與動作的配合上。按功法所要求的呼吸方法配合動作進行練氣。呼吸要求做到均勻深長，呼吸與動作要配合得當，練功時感到氣通順舒暢不憋氣。

認真掌握好內三合與外三合的配合一致，這樣就能逐漸培養內氣使內氣增長，為下一階段的提高打好基礎。

## 第三階段　行氣階段

在能夠準確地完成功法動作，並能夠很好地同呼吸意念配合起來練習之後，可將注意力轉到運氣行氣上來。這就要更切實掌握和體會意念要求，並在練功時用心體會、用身體驗。

經過第二階段練功後，一般都能產生很強的氣感。將內氣按照各功法的動作、意念要求在體內運行，爭取達到意到氣到、氣到動作到、內外合一內外相呼應的練功效果，逐漸修煉達到更深的練功境界。

在這段練功時要注意的是，要熟記意念要求，要自然而然的行氣，不可過於緊張，逐漸達到輕鬆適意的練功境界。特別是開始練功用意引氣行氣時，可先不考慮經過哪些經絡哪些竅位，而只用意引氣最後達到目的地（意守竅位）即可。經過一段時間練習之後，自然會體感到氣運行過程中的感覺。但即便此時，也切記不要強求氣按自己的想法執著地運行，還要求順乎自然，要力求達到功無功，

意無意，無功無意是真意的練功境界，為以後的進步提高
打好基礎。

## 第四階段　後天功轉先天功階段

修煉道家內功達到了後天功轉先天功的階段時，當內
氣上升至頭頂部位時，便會體感到囟門重新開啟，頭頂囟
門處如同嬰兒的「天靈蓋」一樣在動。隨著練功時的呼
吸，氣的升降而開合，此時便會體感到內氣向上時囟門開
啟，內氣如同流水一樣，從囟門處向下澆灌五臟，貫注丹
田後囟門封閉，形成丹田「內氣鼓盪」（胎息）。

如果丹田內氣暫鼓盪不起來，說明修煉到此階段還沒
有達到「火候」。要繼續耐心修煉，直至達到「功到自然
成」之時。

修煉道家內功到了中氣功的「囟門重新開啟」和形成
丹田「內氣鼓盪」（胎息）階段時，是後天功轉化先天功
的重要轉捩點和標誌。

## 第五階段　內丹轉外丹階段

修煉太極內丹功達到了一定水準後，每當手心勞宮竅
內氣外發時，便會體感到內氣似泉水一樣涓涓流淌，源源
不斷地流入另一隻手的勞宮竅。

太極內丹功修煉到較深的程度後，便會體感到雙手之
間逐漸形成了一團「氣球」狀物，當雙手旋轉時，「氣
球」也相隨同步運轉。

隨著太極內丹功水準的提高深入，雙手捧著的「氣

球」會逐漸地由小變大，由弱變強。隨動作運轉，雙手捧著的碩大「氣球」與身內中丹田的「氣球」內外氣混元合一，內丹與外丹合二為一。修煉達到了此階段時，表明內功水準又上了一個新臺階，是內丹向外丹轉化過渡的重要轉捩點，「外丹」成形的標誌。

修煉內丹向外丹轉化過渡時，如經過一個時期的努力練功後，功效不理想，轉化過渡遇到困難，感到內氣供應不充足的時候，此時，應注意加強採氣功的練習，這猶如燒水「加柴」之功效，對功夫的深入提高起著至關重要的作用，同時也為下一階段提高進步打好基礎。

### 第六階段　「覺明」階段

修煉道家內功達到了「覺明」階段時，人體內一些潛能被啟動，修煉時的照三丹、觀五臟、辨其色、看經絡、察穴位等一些特異功能現象得到開發，使內功步入一個嶄新的修煉境界之中。

# 第三節　練功注意事項

**練功前注意事項：**

（1）練功前要清理情緒，排除雜念，以求心安意寧、情緒平定，情緒有較大波動時不宜馬上練功。

（2）練功前要排除大小便。

（3）練功前要寬解衣帶，有利於身體放鬆和氣血循

環。

（4）練功前應先做一些放鬆關節肌肉的功前準備活動，以利於消除身體及精神上的緊張狀態。

（5）在室外練功應選擇在空氣清新、無污染、無噪音、環境優美的地方來練功。

**練功中注意事項：**

（1）練功時間長短、次數及選擇練功內容，應按自己的身體狀況和工作狀況來確定，以練完功後感到精神飽滿，一天的生活、工作精力旺盛為度。

（2）練習道家內功應按部就班有序地進行，不能急於求成，只圖進度快，在還沒有達到某層次時就過早地修煉下一步功法，這種揠苗助長式的練習方法不可取。

（3）要在有經驗的道家內功老師指導下練習，如練功中遇到問題，出現一些反應現象，要及時反映給老師以求正確指導，以免產生偏差。

（4）練功時如出現氣動、循環、腸鳴、自發功、幻覺等練功反應現象時，要正確理解對待，不要刻意追求，任其自然。

（5）練功中如出現疲勞時應暫停練功，待消除疲勞後再繼續。

（6）練功時如遇雷鳴閃電的氣候時，應暫停練功，以免受到驚嚇，使氣機紊亂。

（7）每次練完道家內功後，應認真做好收功。

（8）婦女在月經、懷孕期間，應減少練功時間和強度，如遇不適，應暫停練功。

（9）男子在練功期間，應減少房事或禁止房事，以免損失元氣，影響練功效果。如房事後或遺精，應注意休息，不宜馬上練功。

**練功禁忌：**

（1）饑餓時和飯後不宜馬上練功。

（2）患有高燒、感染、失血、外傷的情況下應禁止練功，待病舒後再練功。

（3）傳染性病患者，應禁止與他人一起練功。

（4）禁止酒後在神志不清不能自控的情況下練功。

（5）患有植物性神經紊亂、癔病、精神情緒控制不佳者，不宜練習道家內功。

## 高血壓病人的練功要領

練習道家內功不僅可以控制血壓的上升，還能起到有效地降低血壓的作用。但如果方式不當，則會適得其反而加重病情。

高血壓病人練功時要注意三個字，即靜、鬆、降。

靜，即心靜，不為雜念所干擾，最好選擇安靜的綠化地帶進行練功，心靜神安可以降低大腦皮質的興奮性，有利於植物神經功能的調整和血管舒縮的調節，從而起到降壓的作用。

鬆，即要求在活動中肌肉放鬆，降低外周血管的緊張度，使血管舒張，血壓則不會上升。

降，即把意念向下想。意守下腹部丹田處或足心湧泉穴，再配合動作和呼吸導引向下，有利於降低血壓。

我們透過脈象儀測試觀察到，選擇適合自己身體狀況的意守部位非常重要。當練功者意守腹部丹田時，血氧流量顯著地在該部位增加，激素也相應增加，呼吸頻率顯著減慢，血壓呈下降趨勢。

尤其是當練功者意守會陰、湧泉穴位時，血壓下降明顯。而當練功者意守頭部的祖竅、百會、囟門時，血流量顯著地在該部位增加，激素也相應增加，意守部位周圍皮膚穴位處溫度上升，血壓也相隨上升。

低頭彎腰，屏氣用力都是高血壓患者的禁忌。低頭時，由於重力作用可使人腦循環血流量增加，血管壁緊張，易引起頭昏、頭重，有時還會誘發腦血管破裂，引起腦溢血。屏氣可使胸腹部壓力增加，血壓上升，而且屏氣時心臟射血阻力也增加，一旦放鬆，心臟泵出的血液會對腦動脈形成衝擊，也會誘發中風。因此，高血壓病人練功時不宜做體位變化幅度過大的動作，也不宜進行劇烈對抗競爭性項目。

以上練功實踐經驗和儀器測試，為我們今後科學練功提供了依據。

# 太極內丹功修煉法（一）

## 第一步　預備功

### 一、無極起勢

兩腳平行與肩同寬，頭正項直，百會朝天，兩目垂簾，含光默默，輕合齒唇，舌抵上齶，沉肩墜肘，兩腋虛空，兩臂自然下垂，雙肘微屈，含胸拔背，鬆腰塌胯，兩膝微屈，全身放鬆，呼吸自然，排除雜念，頭腦清空，心意專一（圖4-1）。

**無極之義：**

空空洞洞、混混沌沌、無形無象、虛若無物、無一物而生萬物。由無極而現有機，無極一動必分陰陽，動靜便是陰陽，陰陽就是太極。太極者，無極而生，陰陽之母，陰

圖4-1

陽變化包羅萬象，一切事物變化都在陰陽轉變之中，其結果必然是清氣上升為陽，濁氣下降為陰。所以我們練功應遵循古人「練功須從無極始，陰陽開合認真求」的方法。

本功法中每變換一個功法動作時都須從無極起勢開始，在以後的功法動作講解時只稱「無極起勢」，不再重複內容。

## 二、降氣洗臟功

**【動作一】**無極起勢。雙手鬆垂於體側，靜守片刻後，雙手由體前緩緩上舉至頭頂上方，掌心向下；此時為吸；兩目微閉，意想湧泉，略停片刻（圖4-2）。

**【動作二】**然後雙手由頭頂經臉前、胸腹前下行回歸至初始動作；此時為呼（圖4-3～圖4-6）。

**【意念】**意想引大自然之氣與自身體內真氣相合為

圖4-2　　　　　　　圖4-3　　　　　　　圖4-4

圖4-5

圖4-6

一，似雨露般自上而下涓涓流淌，由頭頂性宮處如同沐浴般，由表及裡沖洗身肢百骸五臟六腑。

若身體某部位、某臟腑器官有病，降氣時意念到達該部位時，稍停一停，然後隨意念導引將體內不好的氣、病氣從腳底湧泉穴排出。降氣時舌抵下齶，微張小口，向外緩緩呼氣，要做到均勻深長。意想將肺內濁氣、病氣從口中排出。

【意守部位】湧泉穴，位置於腳心的三分之一凹陷處。

【功效】清洗五臟六腑，去濁留清，疏通經絡，固本培元。本功法尤其對上盛下虛、血壓高、頭昏、頭痛、肝氣盛、失眠等症功效尤佳，練功後有清腦怡神明目之感。

【重點提示】此動作是練習道家內功時，首先必須做的第一步。

# 第二步　採氣功

## 一、採自然界氣

【動作一】無極起勢。左腳向前邁一步，雙手掌徐徐抬起向身前方與肩同高，胳膊自然伸直，這時身體重心由右腿過渡到左腿；目視遠方；此時為呼（圖4-7、圖4-8）。

圖4-7　　　　　　　　　圖4-8

【動作二】雙掌變成輕握拳，然後緩緩向後收回達至中丹田處，身體重心也相隨由左腿過渡到右腿，兩目也由遠而近內收至內視中丹田；此時為吸（圖4-9、圖4-10）。

略停片刻後，再做下一次採收。如此反覆練習後，再換腿練習。

圖4-9　　　　　　　　　　　　圖4-10

【意守部位】中丹田，位置於肚臍深處。

【意念】心意、呼吸、目光及動作配合一致，採收自然界精華之氣，包括花草樹木、空氣、海水中的氧氣負離子。意想透過手採、目收、呼吸，將採收到的自然界精華之氣源源不斷地收歸於中丹田。

【功效】培養充實丹田之氣。由練功時的深呼吸，吸入清氣之氣，吐出臟腑濁氣。可達到加強和改善肺功能的作用，使肺部新陳代謝功能增強，增多血液中的氧氣，提高蓄氧能力。因肺主一身之氣，肺朝百脈，故又能起到推動氣血在全身運行的作用。

【重點提示】採收自然界之氣適合於每個練習者，一年四季春夏秋冬均可練習。是每次練功時必練功法。

採氣功是用口鼻進行呼吸的，也就是運用後天呼吸法

來練功，吐者為呼，吸者為納。與普通呼吸不同之處是鼻吸、口呼。呼吸時要達到均勻深長。修煉者要想達到某階段、某層次、某水準，經過一個階段的努力練功後，功效不理想時，此時應注意加強採氣功的練習，有猶如燒水「加柴」之功效。所以加強採氣功的練習，對功夫的深入提高進步起著至關重要的作用。

採氣功是以五心歸元的練功方法，將採收到的天地自然界精華之氣，匯歸蓄合於中丹田。何為五心？即頭頂心囟門竅將採收到的天陽之氣下降，由兩腳心湧泉竅將採收到的地陰之氣上升，由雙手心勞宮竅，配合肺呼吸，將採收到自然界的清氣收歸於中丹田。

歸元為中丹田，中丹田乃氣之舍，將採集到的天地自然界精華之氣，蓄存於中丹田後，內氣得以補充陰陽行以平衡，便可營養五臟六腑，旺盛細胞，榮華四梢、營衛周身。

## 二、採天陽氣

【動作一】無極起勢。雙手自身體兩側徐徐上升舉過頭至胳膊自然伸直，雙手心相對；兩目上視天空；此時為吸（圖4-11、圖4-12）。

【動作二】雙手由掌輕輕握成拳，拳心向體內側。然後，雙拳緩緩下降至胸上端處後，由拳再變成掌，雙手心向下，十指相對；兩目垂簾，內視中丹田；此時呼吸暫停（圖4-13、圖4-14）。

【動作三】雙掌由胸上緩緩下按至中丹田處，身體重

圖4-11

圖4-12

圖4-13

圖4-14

圖4-15

心此時也相隨向下降，然後恢復至初始動作；此時為呼
（圖4-15）。

做此動作時要兩目內視丹田，意想丹田，耳內聽丹田，略停片刻後再做下一次採收，如此反覆練習。

【意守部位】中丹田。

【意念】意想將採集到的天陽之氣由頭頂囪門竅進入上丹田後向下降歸於中丹田，採收時心意與兩手配合一致由上而下進行，意想天陽之氣下降（熱能），源源不斷地進入中丹田。

【功效】練習採氣功時用三性歸一的方法來練功，可達到精神變物質、物質變精神的功效，練習採天陽氣具有增補陽氣，採陽補陰，調節身體陰陽平衡，充實丹田內氣的練功效果。

【重點提示】練習採天陽之氣、采地陰之氣要根據一年春、夏、秋、冬四季，一天12個時辰的陰陽變化來練功。每個練功者還應根據自身陰陽二氣、平衡狀態的具體情況，而有側重的來練功。具體地說，陽氣不足者應加強練習採天陽功法，陰氣不足者應加強練習采地陰功法，這樣練習採氣功功效更佳。

### 三、採地陰氣

【動作一】無極起勢。弓身彎腰，雙手經大腿內側緩緩下行至雙腳內側（圖4-16、圖4-17）。

【動作二】雙手由掌變成拳，順雙腿內側徐徐上提至襠處，上身相隨而起至身體自然直立。然後雙手經左右胯至後腰的命門處；此時為吸（圖4-18、圖4-19）。

【動作三】稍停片刻後，二目垂簾、內視中丹田，雙

圖4-16　　　　　　　圖4-17

圖4-18　　　　圖4-19　　　　　圖4-20

拳漸漸變成雙掌，掌心向下，由命門處經左右腰間達至中
丹田；此時為呼（圖4-20）。呼時身體重心微微下降。略
停片刻後再做下一次採收，如此反覆練習。

【意守部位】中丹田。

【意念】當雙手順雙腿向上提時，意想將採收到的地陰之氣，從腳底湧泉竅沿雙腿內側上行，經會陰、尾閭、命門後源源不斷地進入中丹田。

【功效】練習採地陰之氣，有採陰補陽、調節身體內部陰陽平衡，增生精液、補腎氣之虧損，煉精化氣之功效。將採集到的自然界精華之氣、天陽之氣，地陰之氣蓄合匯歸於中丹田。

中丹田猶如一個蓄水池一樣，只蓄不泄，越積累越多，充實丹田內氣，為下一步循經走脈打下基礎。

【重點提示】練習此動作向上提引時，不僅意念與動作配合，還要注意配合會陰內吸和提肛來完成此動作。

# 第三步　下丹田修煉法

## 一、下丹田站樁功

【動作】無極起勢。雙腳與肩同寬而立，雙腿彎曲；雙手十指相對，相距15公分左右，雙手臂呈弧形置於腹下下丹田處；沉肩墜肘，軀幹部位要塌腰、收臀、提肛；自然呼吸（圖4-21、圖4-22）。

【意守部位】下丹田。位置於會陰穴深處，男子相當於前列腺處，女子在子宮口處。

【意念】做下丹田開合收放功動作時，以意領精氣，

圖4-21

圖4-22

以形導引，帶動精氣的開合收放蠕動運化能力。

【功效】男子練習此動作，具有生精補精，增強精子的蠕動運化能力，提高精子的成活率的作用。意守下丹田有改變、調節精冷、精氣虧損等病症之功效。

女子練習此動作具有調整經血，緩解痛經、白帶多、胞宮虛寒不孕等病症，促進提高卵子的蠕動運化能力，提高卵子的成活率之功效。

【重點提示】練習下丹田開合收放功，是在下丹田站樁功的基礎上，繼續深入修煉提高下丹田精氣質量的一種練習方法。此動作配合回春壯陽功一起練習功效更佳。道家內功之所以有返老還童之功效，是與練功時激發和調整神經和體液調節系統功能有關。

從現代解剖生理學觀點分析，三丹田和主要的意守位置恰好是重要神經中樞和內分泌所在地，如下丘腦、額

葉、腦垂體、大腦皮質頂葉、胸腺、腹腔神經叢、性腺、腎上腺、脊髓等等，這些都是人體生命至關重要的部位。透過練功時的三性歸一式的意守方法，可直接對神經和體液調節系統進行心理訓練，從而達到以心理活動影響作用於生理活動的作用。

練功者由主動的意識活動去影響內臟功能，可以起到治病強身的效果。同時，內臟及其植物性功能的活動資訊，由植物神經中樞——下丘腦，進入專管意識活動的前額區，轉變成意識或對某些意識活動加以「悟性」，因而便出現了入靜時的各種心理景象。

由此可見，在練習道家內功入靜的過程中，額區皮層與丘腦之間的相互作用，是內功的心理過程影響作用於生理功能的神經機制。

綜合觀察結果表明，通過內功鍛鍊時的入靜放鬆、意守，對中樞及植物神經系統、下丘腦——垂體——腎上腺、性腺軸以及脂質代謝等有多方面有益的調整作用，同時也促進了循環系統功能，提高了機體免疫機能，影響生化、代謝、內分泌功能等，從而使機體自動調節系統趨向有序化程度更高的狀態，這對保健康復、防病治病、延年益壽、增功增智、開發潛能，都有著極其重要的意義。

## 二、下丹田開合功

【動作一】承接上式，練習下丹田站樁功後，由靜功轉化過渡為動功。引動雙手徐徐向身體兩側拉開；此時為吸（圖4-23）。

圖4-23            圖4-24            圖4-25

【動作二】雙手緩緩向內合攏，恢復至
初始動作。隨雙手相合時，身體重心微微下
降；此時為呼（圖4-24）。稍停片刻後，
再接著做下一次開合，如此反覆練習。

【意守部位】下丹田，位於會陰深處，
男子相當於前列腺處，女子在子宮口。

【意念、功效、重點提示】與下丹田站
樁功內容相同。

### 三、下丹田收放功

圖4-26

【動作一】承接上式，引動雙手緩慢向
前行，相距身體40公分左右，身體重心相隨微向前下傾；
此時為呼（圖4-25、圖4-26）。

【動作二】雙手緩慢回收至腹下下丹田處，身體重心

圖4-27　　　　　圖4-28　　　　　圖4-29

也相隨回收至立身中正；此時為吸（圖4-27）。

　　稍停片刻後，再接著做下一次收放。如此反覆練習。

　　【意守部位】下丹田。

　　【意念、功效、重點提示】與下丹田站樁功內容相
同。

## 四、回春壯陽功

　　【動作一】無極起勢，雙腳與肩同寬，鬆腰收臀，鬆
肩含胸，雙手十指相對，手心向內放於命門處（圖4-28、
圖4-29）。

　　意守命門靜站一會兒樁功，待命門處有發熱感後，由
靜功轉化過渡為動功。雙手順腰間前行至肚臍處，雙手心
向裡，然後雙手掌緩緩下降至下陰部，身體重心相隨而
降，雙腿微屈；此時為呼（圖4-30）。

　　【動作二】然後雙手掌漸漸上抬按原路線返回命門

圖4-30

圖4-31

處，身體重心也相隨向上，到恢復至初始動作；此時為吸
（圖4-31）。

　　稍停片刻後，再做下一次練習。如此反覆練習。

　　【重點提示】修煉此動作時如有陽舉的現象，收功時
應注意將精氣收歸於腎。

　　【意守部位】命門，位置在腰部與肚臍相對。

　　【功效】回春壯陽功是道家華山派，特為求長壽而
設，具有生精、補精、增強精子活力，提高性功能、補腎
益壽，使人恢復青春活力，調節男子陽痿或精冷無子等病
症之功效。

　　【意念】意守命門兩腎，待此處有熱感之後，男性修
煉者以意導引精氣由兩腎起經丹田向下直催睾丸，返上來
催生殖器直達頂端；女性修煉者則由兩腎經丹田直催子宮
和陰道，然後隨雙手上引，身體上抬，意想精氣返回兩
腎。練功時具有良好的回春意念，特別是性功能的回春，

可去除衰老畏縮、失敗的陰影。透過練功從心理上、生理上建立了精力充沛，雄心勃勃的青春活力。

女子修煉此動作有調整經血，緩解痛經、白帶多、胞宮虛寒或不孕等病症之功效。

# 第四步　中丹田修煉法

## 一、中丹田站樁功

【動作】無極起勢。雙腳與肩同寬而立，雙腿彎曲，雙手自體前上升抱於腹前中丹田處，十指相對，相距20公分左右，雙手臂如抱物狀，要沉肩墜肘，軀幹部位要塌腰、收臀、提肛；自然呼吸（圖4-32、圖4-33）。

圖4-32

圖4-33

【意守部位】中丹田,位於肚臍深處。

【意念】三性歸一意守中丹田,要求「意圓、形圓、氣圓」,故又有三圓樁之稱。

【功效】經常練習中丹田站樁功,有養氣、強壯身體和內氣、腳下生根之功效,並有提高技擊效果的作用。

所以,道家重視並強調練習站樁功的重要性,道家理論認為練功者如果不練習站樁功,身體猶如「無根樹」一樣。

## 二、中丹田開合功

【動作一】承接上式,由靜功轉化過渡為動功,引動雙手緩慢向兩側拉開;此時為吸(圖4-34)。

【動作二】然後雙手緩緩向內相合,相合時身體重心微微下降,配合鬆腰收臀來完成動作;此時為呼(圖4-35)。

圖4-34

圖4-35

稍停片刻後，再接著做下一次開合。如此反覆練習。

【意守部位】中丹田。

【意念】做中丹田開合功的開的動作時，以中丹田為中心，以意領氣，以形導引，內氣由丹田出發向全身各部位擴充，達於肌膚和四肢梢節；做合的動作時，以意領氣，以形導引，內氣由周身的各部位回收至中丹田。

【功效】以中丹田為中心，由內而外，由外而內，開則俱開，心意眼神，五臟六腑，經絡血脈，筋骨皮肉，四肢梢節，周身一家地進行開合收放。反覆練習中丹田開合收放功，越練內氣越足，越練內氣越壯，並有助於加強、提高內氣在體內的開合、收放運行能力，具有促進中丹田進行「內氣鼓盪」之功效。

【重點提示】練習中丹田的開合收放功，是在中丹田站樁功的基礎上，繼續修煉提高內氣質量的一種功法。

「抓住丹田練內功」是修煉道家內功重點中的核心，意念的開合收放、動作的開合收放、氣的開合收放都要配合丹田的開合收放。

當中丹田開合收放功修煉到內氣充沛的水準時，體感身體放鬆時又有一番新的體會，有別於初級階段時的放鬆。

達到高級階段時的放鬆，不僅僅是單純的身體上的放鬆，而是每當做開合收放的動作時，則會體感到身體如同發面式的放鬆，鬆而膨脹，有氣充周身和身體形象高大、頂天立地充滿空間之感。

### 三、中丹田收放功

【動作一】承接上式，練習中丹田開合功後，引動雙手漸漸前行至胳膊自然直，身體重心也相隨略有前傾；此時為呼（圖4-36、圖4-37）。

【動作二】然後雙手緩緩回收至中丹田處，與中丹田相距10公分左右，身體重心相隨回收至立身中正；此時為吸（圖4-38）。

稍停片刻後，再接著做下一次收放。如此反覆練習。

【意守部位】中丹田。

【意念、功效、重點提示】參考中丹田開合功內容。

### 四、懷中抱月

【動作一】無極起勢。兩腳與肩同寬，兩腿微屈，收

圖4-36　　　　　圖4-37　　　　　圖4-38

胯、收臀、含胸，雙手上提如抱球狀於腹前二尺左右，沉肩
墜肘，雙手指尖相對，手心向裡（圖4-36）。

　　三性歸一內視中丹田，靜站一會兒樁功後，由靜功轉化
過渡為動功。

　　【動作二】引動雙手以手帶身以形帶動丹田內氣，循
圓形運動軌跡由左向右旋轉，反覆練習（圖4-37、圖4-
38）。運用自如後再向相反方向練習。

　　【意守部位】中丹田。

　　【意念】雙手如同懷抱一個碩大的氣球一樣，丹田內
氣隨動作的導引向左右運轉運行。

　　【功效】將採集到的天陽之氣、地陰之氣、自然界之
氣在丹田內進行混合、調整、提煉，供身體內部吸收消
化，營養五臟六腑，充實經絡。

　　【重點提示】練此動作要求意圓、形圓、氣圓，周身
上下一動俱動，內外合一。

# 第五步　上丹田修煉法

## 一、上丹田站樁功

　　【動作】無極起勢。雙腳與肩同寬而立，雙腿彎曲，
雙手自體前上升至與眼眉間印堂穴相平的高度，雙手十指
相對，相距20公分左右，雙手臂如抱物狀，要沉肩墜肘，
軀幹部位要塌腰、收臀、提肛；自然呼吸（圖4-39、圖

圖4-39　　　　　　　　　　　圖4-40

4-40）。

【意守部位】中丹田，位於兩眉間祖竅深處。

【意念】三性歸一意守中丹田，要求意圓、形圓、氣圓，故又有三圓椿之稱。

【功效】經常練習上丹田站椿功，有養腦榮神，增強記憶力，開發大腦功能，增智增慧，養神煉神，煉神還虛之功效。

【重點提示】練習內功到了一定水準後，再練習上丹田站椿功。由於個別人過早地練習或是由於掌握要領不當，在練功時或練功後出現氣機上竄、能上不能下、頭昏腦脹等不適應症狀，所以練習上丹田功法時，須在具有一定經驗水準的老師做具體指導下練習。

凡屬氣虛下陷、頭畏風寒、腦貧血等患者宜守上丹田。因為上丹田為諸陽之會，如練習者屬陰虛火旺、心火

上炎、肝膽上亢,以及高血壓等症,則不宜練習意守上丹田,以免病情加重。

## 二、上丹田開合功

【動作一】承接上式,由靜功轉化過渡為動功。引動雙手徐徐向兩側拉開至雙臂形成弓形;此時為吸(圖4-41)。

【動作二】然後雙手緩緩向內相合,相合時身體重心微微下降,配合鬆腰收臀來完成動作;此時為呼(圖4-42)。

如此反覆練習。

【意守部位】上丹田,位於兩眉間祖竅深處。

【意念】隨上丹田意念動作的開時,意遠神往,兩目視野相隨由近處逐漸向外擴展至目視遠方。隨意念動作的

圖4-41

圖4-42

合時，意收神歸，將天地自然界靈氣緩緩攬回，隨遠視的目光由遠逐漸回收至三性歸一內視上丹田。神氣回收時，意想祖竅微微內吸。意念要若有若無，似守非守，不可專注。收功時意領神氣下行於中丹田練神還虛後，便可收功。

【功效】練習上丹田的開合收放功法，有養腦榮神，增強記憶力，開發大腦功能，增智增慧，養神煉神，煉神還虛之功效。

【重點提示】練習上丹田的開合收放功法，是在上丹田站樁功修煉的基礎上，繼續深入修煉提高上丹田的養神煉神，煉神還虛的一種練功方法。

練習內功到了一定水準後，再練習上丹田開合收放功法。由於個別人過早地練習或是由於掌握要領不當，在練功時或練功後出現氣機上竄、能上不能下、頭昏腦脹等不適應症狀。所以練習上丹田功法時，須在具有一定經驗水準的老師做具體指導下練習。

凡屬氣虛下陷、頭畏風寒、腦貧血等患者宜守上丹田。因為上丹田為諸陽之會，如練習者屬陰虛火旺、心火上炎、肝膽上亢，以及高血壓等症，則不宜練習意守上丹田，以免病情加重。

### 三、上丹田收放功

【動作一】承接上式，引動雙手漸漸至胳膊自然直，身體重心也相隨略有前傾；此時為呼（圖4-43、圖4-44）。

【動作二】然後雙手緩緩回收至距上丹田處10公分左右，身體重心也相隨回收至立身中正；此時為吸（圖4-

圖4-43　　　　　圖4-44　　　　　　　圖4-45

45）。

【意守部位】上丹田。

【意念、功效、重點提示】參考上丹田開合功。

## 四、三丹合一

【動作一】無極起勢。兩腳與肩同寬；右手上抬至頭頂囟門處，手心向下，左手心向上，放在會陰下丹田處（圖4-46、圖4-47）。

【動作二】先靜站一會兒樁功後，由靜功轉化過渡為動功，引動右手由上向下、左手由下向上按圓形運動軌跡，緩緩向左右方向運轉。身體重心相隨，雙腳虛實進行轉換；自然呼吸。如此反覆練習（圖4-48）。

【意守部位】三丹合一。

【意念】意守三丹合一，上封天門（囟門），下閉地

| 圖4-46 | 圖4-47 | 圖4-48 |

戶（會陰），在內氣不出、外氣不入的狀態下，進行修煉精氣神的轉化。

【功效】在上封天門、下閉地戶、內氣不出、外氣不入、三丹合一的狀態下進行修煉，有助於加強、提高精氣神的轉化，促進內氣向混元階段過渡。

【重點提示】練習此動作時，要意圓、形圓、氣圓，內外合一，表裡一致。

# 第六步　調濟平衡陰陽

## 一、氣貫兩極

【動作一】無極起勢。兩腳與肩同寬而立；雙手自體

圖4-49　　　　圖4-50　　　　　圖4-51

前上提合於腹前，兩臂微屈，掌心勞宮竅
相對，十指相對，相距10公分左右。兩
目垂簾，靜守一會兒勞宮竅，待手部有氣
感之後，由靜功轉化過渡為動功。兩手緩
慢向左右拉開至雙手臂形成弓形狀，相距
1公尺左右，開時如拉橡皮筋一樣；此時
為吸（圖4-49～圖4-51）。

【動作二】兩手緩慢向內合攏，恢復
到初始動作；此時為呼（圖4-52）。

如此反覆練習。

圖4-52

【意守部位】勞宮竅，位於手掌中心處。

【意念】意氣相合於勞宮之間，雙手向外開時，意
開，氣開；雙手向內合時，意合，氣合。意注勞宮，眼內
視勞宮，耳內聽勞宮，吸之綿綿，呼之微微。

【功效】體感內氣在勞宮雙手間的各種變化，開時如拉橡皮筋，合時如有一股壓力之感，這便是氣正負極磁場的反應，功夫達到一定水準後，能體感到內氣湧到勞宮竅時，勞宮竅有鼓顫之感。

【重點提示】要以手的開合，帶動胸腹和丹田內氣的開合。

## 二、水火相濟

【動作】無極起勢。兩腳與肩同寬而立，鬆腰，收臀，沉肩含胸，雙手十指相對，手心向內放於命門處（圖4-53、圖4-54）。

【呼吸】鼻吸口呼。

【意守部位】命門竅，位置於腰部，當後正中線上，前與肚臍相對。

圖4-53　　　　　　　　圖4-54

【意念】意想用心神之火去燒燃命門之柴，以烘烤腎中之水，再配合呼吸時用嘴吹氣的方法，意想用氣吹旺這命門之火。

待行功日久，練到夠一定的「火候」時，便會體感到命門處發熱，這種發熱的感覺會隨著功夫的深入提高，逐漸擴大至整個丹田。這便是道家內功術語所描述的「兩腎如湯熱，丹田似火燒」的修煉境界。

【功效】練習此動作時，以心意守命門兩腎，猶如用火燒水未開時，添柴加火一樣的功效，有強腰健腎、促進精轉化成氣的作用。

【重點提示】道家內功和中醫理論認為，心與腎之間的關係，一是陰與陽（又叫水與火）的互濟，二是精與神的互根。心居上焦，其性主動，故以陽（火）為主；腎居下焦，其性主靜（藏精氣而不泄），故以陰（水）為主。心陽下降，溫暖腎陰，腎陽上升，滋養心陽，上下相交，動靜結合，形成一對矛盾的統一體，始終使人體保持在一個相對的平衡狀態。這種現象又叫作「水火既濟」「心腎相交」。

若陽氣不足，腎水不化，水氣逆而上犯，就會造成「水氣凌心」的心悸症；如果腎水不足，不能上濟心火，心火獨亢，也會出現失眠健忘、耳鳴、身乏、腿軟無力、多夢遺精等現象，這就是「心腎不交」的病症。

心主藏神，腎主藏精，精與神也是一對矛盾的統一體，精是神的物質基礎，神是精的外在表現。先天之精是神的物質基礎，後天之精是神的給養，精氣充沛是神志活動正常的條件。神機旺盛是使精氣再生的條件（又叫互根），所以，

圖4-55　　　　　圖4-56　　　　　圖4-57

對於人體的健康狀況，一般都以精神二字
來形容。

### 三、水中浮萍

【動作一】無極起勢。兩腳與肩同寬
而立，兩臂自然下垂，雙手心向下，相距
胯部15公分左右，意守勞宮竅，先三性
歸一靜站一會兒樁功後，由靜功轉化過渡
為動功。引動左手緩緩向下按至胯部，身
體重心逐漸過渡到左腿，同時右手徐徐上
升至胸左部（圖4-55～圖4-57）。

圖4-58

【動作二】引動右手緩緩下按至胯
部，身體重心逐漸由左腿過渡到右腿而下降；同時左手徐
徐上抬至左胸部（圖4-58）。如此反覆練習。

【意守部位】勞宮——湧泉。

【意念】做此動作時意守勞宮、湧泉，意到、氣到、重心到，身體猶如一架天平儀一樣，內外協調一致，調節人體的五種平衡系統。

【功效】練功時身體如天平儀一樣，意念與動作的協調配合，用以調節、改善、提高、加強人體的五種平衡系統。

第一，快速姿勢平衡系統。指的是神經系統。

第二，內臟活動平衡系統。指的是經絡系統。

第三，全體慢平衡系統。指的是內分泌系統。

第四，運動狀態時的平衡系統。指的是運動狀態時各種姿勢動作的變化與身體重心的協調平衡系統。

【重點提示】做此動作時，要意到氣到，氣到重心到，內外一致。

# 第七步　帶脈行動

## 一、磨盤功

【動作一】無極起勢。右腳上前一步，身體重心在左腳；雙手心朝下放於左腰處。雙手由左向右成平行運轉時，此時為吸，雙手由右向左成平行運轉時，此時為呼（圖4-59～圖4-62）。

如此反覆練習。

圖4-59　　　　圖4-60　　　　圖4-61　　　　圖4-62

　　【動作二】然後換步，雙手換方向練習，雙手按逆時針方向旋轉一周，動作要領和呼吸與動作一相同（圖4-63～圖4-66）。

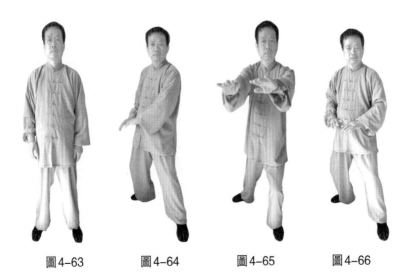

圖4-63　　　　圖4-64　　　　圖4-65　　　　圖4-66

如此反覆練習。

【意守部位】帶脈內氣運行路線。

【功效】內氣沿帶脈循環一周，強腰健腎，促進精氣轉化。

【重點提示】磨盤功是修煉氣通帶脈的功法，練功時要求做到以手領腰，以腰帶手，手旋、腰旋、腿旋、氣旋，內外合一，一動無有不動之處，一旋無有不旋之處，全身上下內外同步運轉。

## 二、玉帶纏腰

【動作一】無極起勢。雙手心朝下放於中丹田前，雙手按順時針方向平行旋轉一周，身體重心相隨而動；雙手由左向右成平行運轉時，此時為吸，雙手由右向左成平行運轉時，此時為呼（圖4-67～圖4-70）。

圖4-67　　圖4-68　　圖4-69　　圖4-70

如此反覆練習。

【意守部位】帶脈內氣運行路線。

【功效】內氣沿帶脈循環一周，強腰健腎，促進精氣轉化。

【重點提示】做此動作時要求均勻圓活，不能忽快忽慢，不能有凹凸之處。人步入中年以後，從某種程度上表現出精力衰退等現象，這是腎臟、泌尿、生殖性機能系統衰退的表現，中醫學稱此種狀態為「腎虛」。

練功時，尤其男士，更應當注意恢復調節腎臟功能的作用，以利於煉精化氣。

# 第八步　周天行功

## 一、小周天行功

【動作一】無極起勢。右腳上一步，身體重心在左腿；雙手心朝內，如抱球狀放於腹前中丹田處，雙手成立圈形旋轉一周，身體重心相隨而動；雙手由下向上成立圓形運轉時，此時為吸，雙手由上向下成立圓形運轉時，此時為呼（圖4-71～圖4-74）。

圖4-71　　　　圖4-72

圖 4–73　　　　　圖 4–74　　　　　圖 4–75

圖 4–76　　　　　圖 4–77　　　　　圖 4–78

　　【動作二】然後左腳上一步，動作要領和呼吸與動作
一相同（圖 4–75～圖 4–78）。

　　如此反覆前行練習。

　　【意守部位】小周天內氣運行路線。

【功效】內氣沿任脈二脈循環一周，內功術語稱之為「小周天」。

【重點提示】雙手由下向上成立圓形運行時，意想內氣沿督脈向上運行。雙手由上向下成立圓形運行時，意想內氣沿任脈向下運行。

練習小周天行功時，要注意舌抵上齶和提肛，以此方法，幫助溝通任督二脈。

## 二、大周天行功

【動作一】無極起勢。右腳上一步，身體重心在左腿；雙手心朝內，如抱球狀放於腹前中丹田處，成立圓形旋轉一周，身體重心相隨而動；雙手由下向上成立圓形運轉時，此時為吸，雙手由上向下成立圓形運轉時，此時為呼（圖4-79～圖4-83）。

圖4-79　　　　　圖4-80　　　　　圖4-81

圖4-82                                            圖4-83

【動作二】然後，左腳上一步，動作要領和呼吸與動作一相同（圖4-84～圖4-88）。

如此反覆練習。

【意守部位】大周天內氣運行路線。

圖4-84                    圖4-85                              圖4-86

圖4-87

圖4-88

【功效】內氣沿身體由手至腳循環一周，內功術語稱之為「大周天」。

【重點提示】練習大周天功法時，要注意舌抵上齶和提肛，以此方法幫助內氣循環於大周天。

## 三、周天行功（坐功）

【動作】盤膝而坐，兩手放於兩腿上，全身放鬆，三性歸一，意內想，耳內聽，眼內視，小周天或大周天內氣運行變化；自然呼吸（圖4-89）。

【意守部位】小周天或大周天內氣運行路線。

【功效】內氣沿小周天運行路線循環一周為「小周天」。內氣沿大周天運行路線循環一周為「大周天」。

圖4-89

【重點提示】練習坐功是靜中有動、外靜內動的修煉方法，練習時要注意舌抵上齶和提肛，以此方法幫助內氣循環於小大周天。

# 第九步　丹氣循根

## 一、古樹迎春（上）

【動作一】三體樁起勢。右腳向前邁一步，身體重心下降在左腿，屈膝弓腿；收腹，收臀，右手掌上提與肩同高，手心向外，要手與腳合，肘與膝合，肩與胯合；左手擺在左胯，手心向下，沉肩墜肘，氣沉丹田。

兩目含光默默視右手勞宮竅，先三性歸一靜站一會兒樁功後，由靜功轉化過渡為動功。引動右手臂回收後，再向前緩緩推掌；同時身體重心相隨由左腿過渡到右腿；此時為呼氣（圖4-90～圖4-92）。

【動作二】右手臂緩緩回收；同時身體重心相隨由右腿過渡到左腿；此時為吸氣。如此反覆練習後，再換左手左腿練習。

【意守部位】勞宮竅。

【意念】隨動作向前推掌時，意想丹田內氣如同水庫開閘放水一樣，再配合呼氣的方法，氣貫胳膊中腔，直達手心的勞宮竅，有鼓顫之感，內功術語稱為「丹氣循根」。深入鞏固一個階段後，可轉入下一步功法的練習。

圖4-90　　　　　　圖4-91　　　　　　圖4-92

【重點提示】此動作為內丹功修煉的方法，練功時應注意，切忌將內氣散發於體外。如有內氣外發的現象時，應注意將氣再回收於體內，發出去多少回收多少。

此動作可以站立不動練習，也可以在緩步行進中練習。

## 二、古樹迎春（下）

【動作一】無極起勢。雙手相疊，手心向裡貼放在肚臍中丹田處，先三性歸一意守中丹田靜站一會兒樁功後，待中丹田氣感到充足時，由靜功轉化過渡為動功。引動雙手分開上抬至心窩處，雙手相合，十指尖相對，手心向下（圖4-93、圖4-94）。

【動作二】出右腿向前邁一步的同時，雙手掌由上緩緩向下按至胳膊自然直，身體及重心相隨而降過渡到右腿。然後再出左腿

圖4-93

圖4-94　　　　　　圖4-95　　　　　　圖4-96

練習，練習要領相同（圖4-95、圖4-96）。

如此反覆練習。

【意守部位】湧泉竅。

【意念】隨雙手緩緩下按，身體及重心相隨而降的同時，意想丹田內氣如同開閘放水一樣，再配合呼氣的方法，氣貫大腿中腔直達腳心湧泉竅。隨雙手上提，身體及重心相隨向上，再配合吸氣，意想中丹田如同抽水機一樣，將內氣抽回來蓄存到中丹田。

【功效】氣貫腿中腔，是修煉「五心歸一」的第二步功法，待此動作練至一定的「火候」時，可體感到腳心的湧泉竅有鼓顫之感，內功術語稱之為「丹氣循根」。深入鞏固一個階段後，可轉入下一步功法的練習。

【重點提示】此動作為太極內丹功修煉法，練功時切忌內氣散發於體外，如有氣外發的現象時，應注意將氣再收回於體內。發出去多少回收多少。

此動作可以在緩步行進時練習，也可以站立不動練習。

## 三、氣貫中宮

【動作一】無極起勢。雙腳平行站立，比肩略寬，雙手從身體兩側徐徐上升至頭頂上部，至胳膊自然直；此時為吸（圖4-97、圖4-98）。

【動作二】兩手背相合，十指尖朝下，手心向外。然後從頭頂處開始下降，經臉前、胸前、腹前達至會陰處，身體及重心相隨下降，兩膝彎曲成馬步；此時為呼。然後恢復成初始動作（圖4-99、圖4-100）。

如此反覆練習。

圖4-97

圖4-98

圖4-99

圖4-100

【意守部位】囟門至會陰。囟門竅，位於頭頂中心處。

【意念】雙手從頭頂處開始下降，經臉前、胸前、腹前達至會陰處時，意想內氣從頭頂心的囟門處下行，直貫身軀中腔達至會陰竅，氣直貫上、中、下三丹田。

【功效】此動作練習到後天轉先天功法時，每當雙手上舉過頭，內氣從後脊相隨上升至頭頂囟門處時，便會體感到囟門開啟，如同嬰兒的「天靈蓋」一樣，隨先天呼吸和內氣的運行一開一合地上下啟動。囟門處如同洞穴一樣，隨囟門的開啟內氣如同流水般湧入囟門竅後，隨動作的向下導引，呼氣的配合，內氣由上丹田經中丹田直貫下丹田後囟門封閉。

此動作修煉到較深的程度，每當練習時，便能體感到似有一球狀物由上向下砸的感覺，古代道家內功術語稱之為「砸丹田」。深入鞏固一個階段後，可轉入下一步功法的練習。

【重點提示】氣貫中宮是修煉五心歸一的第三步功法，此動作修煉到囟門開啟，內氣走中腔，是後天功轉先天功的重要轉捩點和標誌。

## 四、五心歸一

【動作一】無極起勢。兩腳平行站立比肩略寬，雙手合疊，掌心貼放於中丹田處，先三性歸一意守中丹田靜站一會兒樁功後，待感到氣聚合於中丹田時，由靜功轉化過渡為動功，引動雙手向左右分開，手心向下，距胯20公分左右（圖4-101、圖4-102）。

圖4-101

圖4-102

**【動作二】**然後雙手緩緩向下按至胳膊自然直，身體重心相隨下降，兩腿也逐漸彎曲成馬步；此時為呼氣（圖4-103）。

如此反覆練習。

**【意念】**此時意想中丹田似被擠壓扁的氣球，如開閘放水一樣，內氣由丹田而出，直灌四肢中腔，通達於兩手心的勞宮竅和兩腳心的湧泉竅。與此同時，丹田內氣由命

圖4-103

門上行，沿脊椎骨中腔上行達至頭頂心囟門竅，內功術語稱此現象為「氣貫五心」。

**【動作三】**雙手徐徐上提，兩手指彎曲似抓物狀；同時身體及重心相隨也徐徐上升，雙腿由馬步成自然直立，

此時雙腳十趾彎曲似抓物狀；此時為吸氣（圖4-104）。

【意守部位】中丹田。

【意念】此時隨意念及動作的導引，吸氣的配合，中丹田猶如一台抽水機一樣，將全身之氣從五個方位（雙手心的勞宮竅，雙腳心的湧泉竅，頭頂心的囟門竅），抽聚到中丹田裡來。待氣收歸於中丹田後，如同關閉水閘一樣，將氣蓄存起來，內氣只往

圖4-104

裡收而不往外放，中丹田此時又似一個充滿了氣的皮球一樣，隨著氣的湧入又漸漸地鼓脹起來了。內功術語稱此現象為「五心歸一」。

【意守部位】中丹田。

【功效】氣行中腔達於五心，是內氣運行的最深層次，有生髓、養髓、養腦榮神，增強記憶力，開發大腦功能之功效。

經常練習此功法，可有效地防止中老年性骨質疏鬆、骨質老化、骨質增生等疾病的發生。

【重點提示】練習此動作應配合「吸、貼、抓、閉」來完成。

吸，指的是吸氣。貼，指的是中丹田肚臍處向內收貼近於命門。抓，指的是兩手十指和兩腳十趾似抓物狀。閉，指的是暫停呼吸。

# 第十步　大力神功

## 一、開合大力功

【動作一】無極起勢。兩腳橫開一步比肩略寬，雙手臂交叉相合，在腹前、胸前徐徐上升至頭上方處，交叉的兩手臂向左右分開至胳膊自然直，比肩略高胸腹相隨而開，身體及重心微微向上；此時為吸（圖4-105～圖4-107）。

【動作二】雙手十指似抓物狀虛握成拳後，緩緩下降，左右腕部交叉相合於腹前，拳心向裡；同時，屈膝彎腿，身體及重心相隨向下沉降，胸腹相隨而合，至胯比膝

圖4-105　　　圖4-106　　　　圖4-107

圖4-108

圖4-109

略高；此時為呼（圖4-108、圖4-109）。

如此反覆練習。

【意守部位】中丹田。

【意念】雙手帶動胸腹及全身相開時，意想丹田之氣由命門沿脊上升，經肩肘通達於手，此時為吸。當吸到不能吸時，雙手握拳帶動胸腹及全身相合時，再配合呼氣的方法，意想將抓採氣收於中丹田時，肚臍處逐漸外充，丹田感到飽滿充實，氣力倍增。

【功效】以形的開合，帶動內氣的開合，有壯氣增力，充實丹田、積蓄能量之功效。

【重點提示】當動作相開時，意念想著開，一開俱開，周身上下內外無有不開之處，意想內氣擴充至周身各部位。當動作相合時，意念想著合，一合俱合，周身上下內外無有不合之處，周身氣力由周身各部位逐漸聚合於中丹田。

圖4-110　　　　圖4-111　　　　圖4-112

## 二、蛟龍戲水

【動作一】無極起勢。右腳向前邁一步,身體重心落於左腿,左腿呈弓曲狀。雙手相合放於命門處,然後雙手緩緩從左右兩胯向前在腹前相合,手心向上,小拇指相合,繼續前行達至胳膊自然直。高度比肩略低;身體及重心相隨而動,由左腿逐漸過渡到右腿,右腿呈弓曲狀;此時為呼(圖4-110~圖4-112)。

【動作二】雙手臂自然放鬆下垂,途經左右兩胯返回到命門處,身體重心相隨而動,由右腿逐漸過渡到左腿,至恢復到初始動作;此時為吸(圖4-113)。

圖4-113

如此反覆練習。

【意守部位】勞宮竅。

【意念】雙手從命門處經左右胯在腹前相合，前行至胳膊自然直時，意想內氣由命門沿脊柱上行，經肩、肘、手達於十指梢節。

【功效】以中丹田內氣為動力，氣貫九節，意到氣到，氣到力到。

【重點提示】練習此動作時，注意膝蓋不能超過腳尖，要保持身體重心的中正。

### 三、螺旋衝拳

【動作一】三體樁起勢。右腳向前邁一步，身體重心下降在左腿，左腿屈膝弓腿，收腹，收臀，右手掌上提至與肩同高，手心向外，要手與腳合，肘與膝合，肩與胯合；左手擺放在左胯，手心向下，沉肩墜肘，氣沉丹田；兩目含光默默目視右手勞宮竅。先站一會兒樁功後，由靜功轉化過渡動功。

引動右手收回至右胯時，由掌變成拳，拳心向上；同時左手由掌變成拳，拳心向下，左旋腰轉脊，身體重心在左腿（圖4-114、圖4-115）。

【動作三】右旋腰轉脊時，右拳由胯部呈螺旋式向前擊出至胳膊自然直，拳心向下，高度與心窩處平；目視擊拳；身體重心相隨由左腿過渡到右腿，右腿弓左腿蹬；自然呼吸（圖4-116）。

如此反覆練習後，再換步練習。

圖4-114　　　　圖4-115　　　　圖4-116

【意守部位】中丹田——勞宮。

【意念】拳擊出時，以意領氣，由中丹田出發，經命門上行於脊背，通於肩肘達於拳。

【功效】意到氣到，氣到力自然到。形與氣走螺旋，力發一點，點點透骨。

待練至外丹功階段時，再練此動作則又有一番新的體會。每當拳擊出時，便會感到有一個「氣球」物狀，隨拳擊而出，隨收拳放鬆時，而回歸於丹田。待練至功夫純熟時，意遠氣長，遠近自控。

【重點提示】初練此功作要求要先慢一些，其意想要求達到意到氣到動作到，待練至行功圓滿時，做動作快一些的時候，也能夠做到意到氣到，氣到動作到時，動作可以適當加快些。

# 第十一步　返老還童

## 一、循印歸眞

【動作一】盤腿而坐，鬆腰、含胸、沉肩、墜肘，二目垂簾，舌抵上齶，雙手相合，勞宮相對於胸前20公分左右（圖4-117）。

【動作二】先坐一會兒靜功後，由靜功轉化過渡為動功。雙手循圓形軌跡由內向外旋轉一周，雙掌由雙陰掌轉變為雙陽掌再恢復至初始動作，身軀相隨而動；自然呼吸（圖4-118、圖4-119）。

如此反覆練習。

【意守部位】膻中竅，位於心窩處，前正中線上。

圖4-117

圖4-118

圖4-119

圖4-120

【意念】練習此動作時，道家內功採用的是「遙憶法」。其方法是回憶自己童年時代的一些天真爛漫、無憂無慮、活潑可愛、積極向上的美好形象和往事。

【功效】修心養性，益壽延年。

【重點提示】道家以「遙憶法」這種良性意識誘導練功，以自身的主觀能動性來調節機體內部的平衡狀態。建立良性的循環，從心理上、生理上開發精力充沛、雄心勃勃的青春活力，是道家內功中「返老還童」的修煉方法之一。

## 二、後天返先天

【動作】盤腿而坐，雙手向內放於兩腿之上，鬆腰含胸，沉肩墜肘，二目垂簾，舌抵上齶；自然呼吸（圖4-120）。

【意守部位】囟門──中丹田。

【意念】三性歸一，意內想，眼內視，耳內聽，從囟門到中丹田。

【功效】後天返先天，囟門開啟，丹田內氣鼓盪（胎吸）。

【重點提示】修煉道家內功達到了後天功轉先天功的階段時，當內氣上升至頭頂部位時，便會體感到囟門重新開啟，頭頂囟門處如同嬰兒的「天靈蓋」一樣在動，隨著練功時的呼吸，氣的升降而開合。

此時便會體感到內氣向上時囟門開啟，內氣如同流水一樣，從囟門處向下澆灌五臟，貫注丹田後囟門封閉，形成丹田「內氣鼓盪」（胎息）。

如果丹田內氣暫鼓盪不起來，說明修煉到此階段還沒有達到「火候」，要繼續耐心修煉，直至達到「功到自然成」之時。

### 三、胎吸功（臥功）

【動作一】右側臥式躺在地上或床上，右手臂放在頭下，左手貼放於中丹田，雙腿自然彎曲，全身放鬆，兩目輕閉，三性歸一，意內想，耳內聽，眼內視中丹田；呼吸由自然呼吸轉化過渡到「胎呼吸」（圖4-121）。

【動作二】然後做左側臥式，動作要領和呼吸方法與動作一相同（圖4-122）。

圖4-121

圖4-122

【意守部位】中丹田。

【功效】由自然呼吸轉化過渡到胎呼吸。

【重點提示】功到自然成。

# 第十二步　收　功

## 一、單式收功

【動作一】每個道家內功動作做完後，收腿，雙腳距與肩同寬，雙手從身體兩側徐徐上抬至頭上部，胳膊自然直，雙手心相對，與肩同寬；此時為吸（圖4-123～圖4-125）。

【動作二】雙手相合，十指相對，手心向下於頭上方處，然後雙手緩緩下降，經臉前、胸前，到達腹部的中丹田處，身體重心相隨向下降，恢復至無極勢；此時為呼（圖4-126～圖4-129）。

圖4-123

圖4-124          圖4-125          圖4-126

圖4-127          圖4-128          圖4-129

## 二、五氣歸元

【動作】無極起勢。右手心貼於肚臍，左手心疊在右手背上，以肚臍為中心，沿左上右下的逆時針路線，由小到大地緩緩旋轉36圈，然後換手相疊，沿右上左下的順時針路線，由大到小地緩緩旋轉24圈；自然呼吸（圖4-130）。

圖4-130

【意念】三性歸一靜守中丹田片刻，同時意想兩手勞宮之氣與丹田內氣相連通，以中丹田為中心，眼神心意內外合一地圍繞中丹田由內而外、由小到大逆時針螺旋式轉氣，這叫逆轉散氣。

然後換方向，眼神心意引氣由外而內、由大到小順時針螺旋式轉氣，周身之氣逐漸向中丹田聚集收歸竅內，這叫順轉收氣。

女子的轉氣方法與男子相反，先左手在裡右手在外相疊於肚臍，沿右上左下的順時針路線，由小到大、由內而外地螺旋式轉氣36圈。

然後換手相疊，沿左上右下的逆時針路線，由大到小、由外而內的螺旋式轉氣24圈。

【功效】將練功時所獲得的集中於丹竅內的內氣先行散開，然後再把丹竅散開的內氣與在練功中散發全身的五藏精華之氣一起收歸到丹竅內儲存起來，混融合一。

　　【重點提示】意想著丹田轉氣，眼睛內看丹田轉氣，耳內聽丹田轉氣。內氣與手的轉圈要牽連著丹田這個圓心，一圈一圈地擴散，一圈一圈地收攏。

# 太極內丹功修煉法㈡

## 第一步　採氣培元

### 一、金針指南

【動作一】無極起勢。兩腳與肩同寬；男子胳膊由身體兩側緩緩上抬至與中丹田同高，左手心向下，右手心向上；女子相反，左手心向上，右手心向下；自然呼吸（圖5-1）。

【動作二】然後，由靜功轉化為動功，雙手相合、勞宮相對，雙手向身體左右轉動，全

圖5-1

身相隨而動（圖5-2～圖5-4）。

【意守部位】勞宮—中丹田。

【意念】體內陰陽二氣與自然界陰陽二氣相交融。採集天陽之熱能、電能。採集自然界之氣能、風能。採集地陰之磁能，運化之動能。

【功效】男子左手為陽，手心向下之意為陽氣與地陰之氣相交融。右手為陰，手心向上之意為陰氣與天陽之氣相交融。採集天陽之熱能、電能。採集自然界之氣能、風能。採集地陰之磁能，運化之動能。

【重點提示】此動作形狀如同中國古代發明的「指南針」一樣。練習此動作時要隨日節律、月節律、年節律的變化而變換練功的方向。道家內功理論稱此為「循時練功」。

男子為陽，女子為陰的理論來源於中醫理論的陰陽學說。

圖5-2　　　　　　圖5-3　　　　　圖5-4

## 二、天地樁

【動作】無極起勢。兩腳與肩同寬；左手臂緩緩上舉至胳膊自然伸直至頭頂上方，手指尖朝天；右手臂放在會陰處，手指尖向下朝地；自然呼吸。換一側練習，動作相同，左右相反（圖5-5、圖5-6）。

【意守部位】中丹田。

【意念】意想雙手臂一手朝天，一手朝地，如同避雷針一樣，將天陽之熱能、風能、電能和地陰之磁能，運化之動能及自然界之氣能、風能採集傳導到體內，蓄合於中丹田。

【功效】練習此動作有將天陽之熱能、風能、電能和

圖5-5 圖5-6

地陰之磁能，運化之動能及自然界之氣能、風能採集傳導
到體內，蓄合於中丹田之功效。

【重點提示】天地樁與金針指南的練功方法，是道家
內功修煉到外丹階段水準時，採集能量之方法。

# 第二步　外丹形圓

## 一、如意行功

【動作一】無極起勢。兩腳與肩同寬；屈肘，雙手徐
徐上抬至中丹田的高度，雙手心向上，手型自然彎曲呈托
物狀，兩手相距80公分左右，意想勞宮竅，靜站一會兒樁
功（圖5-7）。

【動作二】由靜功轉化過渡為動
功，出右腿向前邁一步的同時，翻左
手，手心向下，從左向右緩慢下降至
與右手心相合，兩手相距10公分左
右；身體及重心相隨緩緩下降，右腿
呈彎曲狀；此時為呼（圖5-8）。

動作三：左腳跟步到右腳處，身體
及重心隨吸氣徐徐上升至腿自然直。
然後再出左腿翻右手換方向練習，練
習要領一樣（圖5-9）。

如此反覆練習。

圖5-7

圖5-8　　　　　　　　　　　圖5-9

【意守部位】中丹田——勞宮竅。

【意念】雙手呈托物狀，意守勞宮竅，先靜站一會兒椿功，以心意領氣從中丹田達至雙手心的勞宮竅，體感內氣由少至多，勞宮竅位有鼓顫感，體感由內丹功向外丹功轉化過渡的過程。

待此功法修煉到一定程度後，內氣如同泉水一樣，由勞宮竅湧出，這時由靜功轉化過渡為動功，在緩慢行進中，體感左手勞宮竅之氣，似泉水一樣源源不斷地流入右手勞宮竅，由肘肩胸部的傳導，氣再回流於中丹田內。然後換手，如此反覆練習。

【功效】由內丹向外丹轉化過渡。

【重點提示】修煉道家內功達到了由內丹向外丹轉化過渡階段時，表明「內功」水準又上了一個臺階，是修煉內功一個新的轉捩點和里程碑。

## 二、掌上明珠

【動作一】無極起勢。兩腳與肩同寬，雙手自然彎曲相合於腹前，兩手相距10公分左右，雙手勞宮竅相對，先靜站一會兒樁功，待兩手之間氣感增強後，由靜功轉化過渡為動功，雙手以勞宮竅為中心，旋掌正轉立圈（圖5-10～圖5-12）。

如此反覆練習。

【動作二】雙手以勞宮竅為中心，旋掌反轉立圈，如此反覆練習；自然呼吸（圖5-13）。

【意守部位】勞宮竅。

【意念】三性歸一意守勞宮竅，待雙手之間熱感、氣感增強之後，開始以勞宮竅為中心旋轉兩掌，隨內氣的增多和功夫的深入提高，便會體感到雙手間逐漸形成一團氣

圖5-10　　　　圖5-11　　　　圖5-12　　　　圖5-13

球狀，隨雙手正反旋轉時如同揉動氣球一樣。

【功效】手旋氣旋，外丹逐漸形成。

【重點提示】練習完外丹的動作後，一定要認真做好收功，將發出的氣收於體內，歸入中丹田，發出去多少收回來多少，以免氣受損失。

### 三、二龍戲珠

【動作一】無極起勢。雙腳與肩同寬，雙手十指相對，手心向上貼放於腹前中丹田處，如托抱物狀，先三性歸一意守中丹田靜站一會兒樁功後，然後由靜功轉化過渡為動功，兩手徐徐上抬至胸部；此時為吸（圖5-14～圖5-16）。

【動作二】雙手外翻，手心朝外，由胸部緩慢向外推至胳膊自然直，身體及重心相隨微有前傾，然後旋腕轉手一周，手心朝上，兩手如同觸摸一個「氣球」一樣；此時

圖5-14　　　　圖5-15　　　　圖5-16

為呼（圖5-17）。

　　**動作三**：以身帶手將兩手緩慢回收至胸部，此時為吸。然後翻雙掌手心向下緩慢下按，身體及重心相隨下降至無極勢；此時為呼（圖5-18、圖5-19）。

　　如此反覆練習。

　　【意守部位】中丹田——勞宮竅。

　　【意念】隨雙手由中丹田處向上托時，以意領氣上行於胸部。隨雙手由胸部向外推，意氣相隨達至雙手心勞宮竅。雙手旋轉一周時，雙手如同觸摸一個「氣球」物狀一樣。然後雙手按原路線返回時，以意領氣回歸於中丹田內。

　　【功效】外丹形成。

　　【重點提示】初級者也可以學練高級功法中的動作。但是初級階段時，只能是練習外形動作而已，要想達到高級功法動作所要求的氣感和功效，需要經過內氣運行的四

圖5-17

圖5-18

圖5-19

個過程後，才能體感到此功效。

內氣運行的四個過程如下。

（1）氣行體表

練習初級道家內功時，氣行體表有酸、麻、脹、癢、涼、熱、刺、痛的感覺，內功術語稱之為「八觸」。

（2）循經走脈

練習道家內功達到循經走脈時，能夠疏通經絡，促進經脈內氣運行，經絡交會反覆循環聯絡臟腑肢節，溝通上下內外，無處不至，運行周身。

（3）氣貫中腔

修煉道家內功達至後天轉入先天功後，中氣運行時已不受經絡穴位的約束，內氣如同流水般貫入洞穴一樣，身軀、胳膊、腿亦是如此。

（4）氣至混元

修煉道家內功到混元氣階段時，要上封天門，下閉地戶。在外氣不入、內氣不出的情況下，以意念及動作導引，如同水在瓶子裡運動時那樣。

## 四、海底撈月

【動作一】無極起勢。兩腳與肩同寬，雙手心向下於腹前，相距20公分左右，先靜站一會兒樁功後，由靜功轉化過渡為動功，在慢步行進中，雙手如同滾動一個碩大的氣球一樣，由左向右平行按圓形運動軌跡旋轉，以手帶身，以身帶動丹田內氣旋轉自如，內外合一（圖5-20～圖5-22）。

【動作二】雙手換方向練習，練習要領相同；自然呼

圖5-20

圖5-21

圖5-22

吸（圖5-23）。

　　【意守部位】勞宮竅。

　　【意念】站樁功時雙手如同按壓一
個碩大的氣球一樣，待氣感強壯以後，
由靜功轉化為動功時，意想雙手如同滾
動碩大的氣球一樣，按圓形運動軌跡不
定向的旋轉自如，同時以手帶身，以身
帶動丹田內氣同步運轉，內外合一。

　　【功效】內外氣混元合一。

　　【重點提示】1978—1980年，上海

圖5-23

原子核研究所與上海中醫研究所協作，
開始了對內功中的「外氣」物質基礎的實驗研究。他們利用
現代科學儀器探測到「外氣」中具有遠紅外線靜電、磁場等
信號，首次證明了內功中的「外氣」是客觀存在的物質。

# 第三步　內外混元

## 一、獅子繡球

【動作一】無極起勢。雙腳與肩同寬，雙手相合於腹前，手指朝前，勞宮相對，相距10公分左右，雙手掌指彎曲似捧物狀，先三性歸一，意守中丹田靜站 會兒樁功，待雙手之間形成「氣球」狀物後，然後由靜功轉化過渡為動功（圖5-24、圖5-25）。

圖5-24　　　　　　　　　　圖5-25

【動作二】在緩步前行中雙手如同旋轉「氣球」一樣，按圓形運動軌跡自由的不定向的旋轉，周身相隨而動；自然呼吸（圖5-26～圖5-28）。

圖5-26　　　　　　圖5-27　　　　　　圖5-28

如此反覆練習後，再換方向練習。

【意守部位】勞宮竅。

【意念】練習此動作時，體感雙手之間的氣由少至多，逐漸形成「氣球」和由小變大的練功過程。

【重點提示】太極內丹功中內丹和外丹的修煉方法，有些動作是高級和深造功法，初級水準者和高級水準者雖然是在同時練一個內功動作，但是練功功效反應上卻存在著很大差距。

例如，練習「獅子繡球」動作，初級水準者和達到了高級水準者，雖然是同時練習這個動作，但是，達到了高級水準者，練功時則能體感到雙手如捧著一個碩大的「氣球」一樣，隨動作的運轉，可體感到周身內外氣合一、內外丹合一的修煉境界，而初級水準者只能是練習動作外形而已，並沒有達到高級水準階段的功效反應（祛病、健

身、增功功效不可置疑)。

以上事例說明了一個問題,學練道家內功時雖然是日積月累、年復一年的反覆練習本功法中的某些動作,但是由於內氣在不斷地增長變化,內氣的品質在不斷地得以提高昇華,修煉達到一個新的階段和層次時,都會有新的體會和功效反應。

## 二、天地人合一

【動作一】無極起勢,兩腳與肩同寬,雙手相疊,勞宮相對放於中丹田,先靜站一會兒樁功後,由靜功轉化過渡為動功,弓身彎腰,雙手緩緩向上降至地面,然後,雙手十指相對,手心向上,雙手如同提物一樣,順腿前面徐徐上提至膝、胯、腹、胸直達頭頂上方;此時為吸(圖5-29~圖5-31)。

圖5-29　　　　　　圖5-30　　　　　　圖5-31

【動作二】雙手翻掌，手心向下，從頭頂上方開始緩緩下降，經臉前、胸、腹、胯、膝、足直達至地面處，隨雙手向下導引的同時，身體相隨弓身彎腰向下（圖5-32～圖5-34）。

【意守部位】囟門竅——湧泉竅。

【意念】隨動作導引，意想地陰之氣蒸騰升起，天陽之氣如甘露下降，身如同撐天柱般頭頂藍天，腳踏大地，形象高大地連接在天地之間，天地陰陽二氣相交，身體漸漸被融化於茫茫的氣海之中，天地人與宇宙混元一體，無形無象，混混沌沌，空空洞洞，虛靈至極。

【功效】天地人合一混元一體。

【重點提示】此動作是道家內功修煉宇宙大人身的方法。

圖5-32　　　　圖5-33　　　　圖5-34

### 三、收氣歸丹

【動作一】兩腳比肩略寬，腿自然彎曲
而立，先引動左手臂由外而內地攬收，至左
手心貼放於肚臍處，以手帶腰向右旋轉的同
時，周身相隨而動（圖5-35、圖5-36）。

【動作二】然後引動右手臂由外而內地
攬收，至右手心貼放於肚臍處，以手帶腰向
左旋轉的同時，周身相隨而動；自然呼吸
（圖5-37）。

圖5-35

【意守部位】中丹田。

【意念】將練習外丹時散發於外的氣，透過練習此動
作，由外而內地攬收回歸至中丹田內。

【重點提示】這是練習外丹功法後重要的收功方法，

圖5-36

圖5-37

也是最後一道程式，一定要認真做好。透過練習此動作，由外而內地將練習外丹時散發於體外的氣回收至中丹田內，散發出去多少也要回收多少，以免內氣受損。

### 四、封爐煉丹功

【動作】盤腿而坐，左胳膊上抬至左手心勞宮竅貼放在頭頂的囟門竅，右手中指抵在會陰處。

【意守部位】中丹田。

【意念】意想全身之氣歸匯於中丹田，積氣成丹。

【功效】氣歸丹田，積氣成丹。

【重點提示】封爐煉丹功法是道家內功中重要的修煉方法，修煉道家內功達到此階段時，說明內功水準又達到了一個新的重要的轉捩點和里程碑。

### 第四步　神通道緣

### 一、觀內景

【動作】盤腿而坐，雙手心向內放於兩腿之上，鬆腰，含胸，沉肩墜肘，二目垂簾，舌抵上齶。以「意照，目照，神照」的修煉方法守上丹田；自然呼吸（圖5-38）。

【意守部位】上丹田。

【意念】修煉功法時，要在以前的「三性歸一」的基礎上，隨練功的

圖5-38

深入逐漸轉化過渡為「意照、目照、神照」的修煉。是修煉意念、心神的最高級，以此方法體感觀察「觀內景」的現象時，三丹田的反應變化。

【功效】練習道家內功至「覺明」階段，每當練習靜功意守上丹田時，可感覺天目已開，在祖竅處有一團「亮光」，猶如一輪明月於眼前。引其光入腦，便覺「密室生輝」；引其光下照中丹田，中丹田猶如透明水晶球體狀，當內氣湧動之時晶瑩透徹似水，光輝四射，溢香飄飄；引其光下照下丹田，猶如海底廣闊幽深，當精氣湧動之時，觀底兜照隱隱泛白。

【重點提示】修煉觀內景功法的非眼內視「覺明」階段時，分為三個步驟進行。第一步，以意照、目照、神照（光照）的修煉方法，守上丹田「觀內景」。隨非眼內視的「視內景」現象的深入，修煉者的身心狀態步入了一個嶄新的修煉境界。這表明修煉道家內功又上了一個臺階，達到了一個新的重要的轉捩點和里程碑。藝無止境，隨修煉的深入，將由「覺明」階段向「神明」階段發展。「覺明」內功術語稱之為「觀內景」，修煉至「神明」階段時內功術語稱之為「觀外景」。

特別提醒修煉者值得注意的是，修煉道家內功至「覺明」階段時，必須節制性生活，此時如一有性生活或遺精的現象，如釜底抽薪。一旦有這種情況發生，則「覺明」現象便會消失，直至再修煉至此階段時才能再度出現「覺明」現象。

## 二、結手印功

結手印功是道家內功中一種特殊的修煉方法。練功時主要以改變手型和各種姿勢的組合與變化來達到健身和修煉目的。

手印功是一套高層次的靜功修煉方法，這與我們一般所指的手印概念不一樣。道家內功在修煉靜功時，把手型的各種姿勢變化稱之為「結手印功」。

手上的經絡分為三陰經和三陽經，手印功中的各種手型和姿勢與經絡的關係非常密切。以不同的手型和姿勢變化造成了與其相關的經絡變化。例如，當腕部和手指的動作變化時，則造成了這兩類經絡的變化。當經絡被伸展時，其張力提高，稱之為「補法」。反之，當經絡被放鬆時，其張力下降，稱之為「瀉法」。

尤其是道家內功修煉到非眼內視的「覺明」階段時，修煉結手印功則有更深層次的涵義。

結手印功在修煉過程中，要想取得良好的功效，首先要掌握基本要領，才能做到正確操作。結手印功的基本要領如下。

### 1.掌向

（1）掌心朝天為陽掌（圖5-39）；（2）掌心向地為陰掌（圖5-40）；（3）手指尖朝天為陽掌（圖5-41）；（4）手指尖朝地為陰掌（圖5-42）。

以身體面南為基準，以手指所指的方向為指向，分為

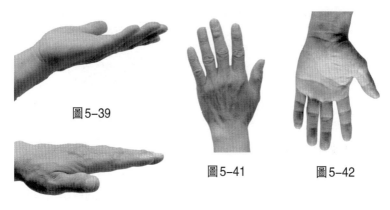

圖5-39

圖5-41　　　　　圖5-42

圖5-40

東、南、西、北、天、地。

## 2.掌接法

在結手印功的動作中有一些是由兩手組合而成的，因此兩手組合的方向是修煉道家內功靜功時很重要的因素。掌接法分為以下幾種。

（1）陽接

由兩手的手背相接觸而形成的姿勢為陽接（圖5-43）。

（2）陰接

由兩手掌心相合而形成的姿勢為陰接（圖5-44）。

圖5-43

圖5-44

（3）陰陽接

由一手的掌心和另一手的手
背相合為陰陽接（圖5-45）。

圖5-45

## 三、結手印功指法

【動作一】盤腿而坐，鬆腰含胸，沉肩墜肘，二目垂
簾，舌抵上齶，雙手相合勞宮竅相對，雙手四指交叉彎曲
貼放在兩手背上，雙手大拇指自然伸直貼放在食指上（圖
5-46、圖5-46附圖）。

圖5-46

圖5-46附圖

【動作二】雙手相合勞宮竅相對，雙手大拇指、食
指、無名指、小指交叉彎曲貼放在兩手背上，雙手中指自
然伸直相合（圖5-47、圖5-47附圖）。

動作三：雙手相合勞宮竅相對，雙手大拇指、中指、
小指相合，自然伸直，食指、無名指交叉彎曲貼放在兩手
背上（圖5-48、圖5-48附圖）。

圖5-47

圖5-47附圖

圖5-48

圖5-48附圖

【意守部位】臟腑與相關的經絡。

【意念】以意照、目照、神照（光照）的修煉方法「觀內景」及相關的經絡。

【功效】指法是手印功中重要的技術環節。修煉此動作時，以意照、目照、神照（光照）的方法，引其光普照周身覺全身通明，觀其五臟五色顯現，循臟腑察其經穴，

經絡猶如江、河、小溪交織網路，穴位如村鎮星羅棋佈，佈滿周身，行氣之時猶如涓涓流水循環無端。

【重點提示】中國古代對經絡的發現、論述和應用早在兩千年以前就已開始了，經絡的客觀性已由現代科學手段提供了證明。兩千多年前並無現代探測手段，是怎麼知道人體的經絡系統的呢？中國著名中醫李時珍在《奇經八脈考》中明確指出：「內景隧道，（指經絡）唯返觀者能照察之。」

對於返觀內視，通常人在一般的情況下是不能做到的，但經過內功修煉卻可以做到。練功到了非眼內視的「覺明」階段時，以「意照、目照、神照（光照）」的修煉方法，就可以觀察到經絡。此外，已發現有的特異功能者能觀察到別人的經絡。這些情況無疑說明了李時珍不僅是古代的名醫，還是訓練有素的道家內功修煉家，才會有這樣深層次的體驗。

《內經》各篇中所論經絡組織、氣血機制等等已至較高的修養境界，都是與修煉道家內功密切相關的。經絡學說已歷經兩千多年的錘煉，並有無數先輩們的實踐驗證。經絡系統的發現、掌握與應用，不僅促進了中醫理論體系的形成和發展，還為以後針灸、按摩技術的發明與應用奠定了理論基礎。

中國的科技工作者嚴志強等人進行經絡光學性的研究時，採用人體冷光技術並佐以電腦分析，對經絡學說開展了研究，他們對 158 人進行了 158 經次測試，測試點 1934 個，測試點次為 11582，測試結果全部輸入電腦，透過電

腦分析表明，人體體表存在著14條高發光線，其上的超微弱光發光強度與線外兩側（距發光線各0.5公分處）相比明顯偏高，二者差異顯著（P>0.001）。

這14條高發光線分別與古代名著《靈樞》中描述的十四經脈的循行線明顯重合，其中與十四經脈完全重合的占總條數的92.97%，基本吻合者占總條數的6.72%。即使在不出現隱性感傳或顯性感傳的受試者身上，也同樣可獲得上述結果。

這表明了人體十四經脈的體表經線具有高發光這種生物物理特性，從而客觀地證實了十四條經絡線的主要循行路線描述的正確性，表明經絡線是客觀存在的。

此外，還觀察到人體生命活動愈旺，體表冷光愈強的現象。十四經脈經絡線是具有高發光的物性，說明經絡具有較強的生命活動能力，從而表明道家內功和中醫理論中對經絡有「行氣血」等功能的論述是正確的。

透過研究循經感傳與經穴發光強度變化的關係，也客觀地證實了循經感傳現象的存在，同時也反映了道家內功和針刺對機體的特殊調整作用，經及經穴在調整機體狀態中的作用。

# 太極內丹功攻效研究

## 道家內功「從腎論治」之研究

　　道家內功是中華民族優秀的文化瑰寶之一，也是中國醫學寶庫中的一顆明珠。幾千年來，中國道家內功在養生保健、防治疾病、延年益壽、開發智力、增長內功等方面已經做出了很大貢獻。因此，現在越來越受到國內外氣功和太極拳愛好者及患者的青睞。

　　關於內功醫療作用的機理，目前正在進行廣泛研究與探索，我們根據近幾年來從事醫療氣功的臨床實踐，結合中醫理論，探討道家內功「從腎論治」的觀點。

　　中醫所指的「腎」，不僅包括西醫解剖學中的腎臟，而且也反映了泌尿生殖系統、神經內分泌系統、呼吸系統、運動系統和水液代謝等方面的某些生理功能及其病理變化，因此，中醫所指的「腎」涉及的範圍較廣，在人體臟器的功能方面頗為重要，在生命活動中具有某種特殊的地位。

## 一、道家內功與腎的關係

道家內功是透過調心、調息和調身三者密切配合，以內煉精氣神為主要目的，以放鬆、入靜為核心的自我身心鍛鍊的方法。道家內功學把精、氣、神稱為人身三寶，是構成人體生命活動的主要物質和功能基礎。精、氣、神三者之間相互依存，又相互轉化。這三者中精是基礎，氣是動力，神是主導。

在道家內功鍛鍊中特別強調首先要煉精，在練功過程中特別注重意守下丹田、命門穴和湧泉穴，這些意守部位都與加強「腎藏精」的主要功能有關。內功鍛鍊還具有培育元氣、健腦益智的功效，促使人體身強力壯，記憶力增強，防治疾病，延年益壽。

這裡所指的「元氣」，又名「原氣」「真氣」，是人體生命活動的原動力。中醫認為，元氣是從父母稟受先天之精氣，經腎的氣化作用和水穀精微的滋養而成。元氣能推動人體的生長發育，溫煦和激發各個臟器和經絡等組織器官的生理功能，是維持人體生命活動的最基本物質。在古代氣功文獻中，常把元氣寫作「炁」，所以元氣又稱為「原始祖炁」。

人在出生之前，「炁」是推動胎兒內呼吸的主要動力，人在出生之後，「氣落丹田」成為「呼吸」之根。因此，道家氣功鍛鍊主要能夠加強腎的氣化作用和提高大腦及大腦皮質的功能，這與中醫「腎藏精」「精生髓，髓通於腦」「腦為元神之府」的理論相符。道家內功鍛鍊強調

疏通任督二脈，其中督脈循行於身體背面正中線為主，屬腎絡腦，其主要功能有二：其一是總督一身之陽經，調節一身陽經的氣血運行，所以稱為「陰陽脈之海」，其二是反映了腎、脊髓和腦的功能。因此道家內功鍛鍊能夠發揮督脈的生理功能，也加強了腎的生理功能。

由此可見，道家內功鍛鍊與腎的關係甚為密切，道家內功「從腎論治」的理論值得深入研究。

## 二、道家內功「從腎論治」的應用

道家內功「從腎論治」的理論，臨床應用是以腎為核心，不僅可以治療腎虛病證，如陽痿、遺精、不育症、慢性腎炎、糖尿病、腰背酸痛、耳鳴等，而且可以治療與腎有關的臟腑病證。

按照中醫五行學說，腎與肝、心、脾、肺關係極為密切，腎屬水、肝屬木，腎水可以滋養肝木，所以滋腎養肝法能夠治療腎陰不足，水不涵木，而致肝陰不足、肝陽上亢的病證，如高血壓、腦血管疾病、頭痛、眩暈、目赤腫痛等；心屬火、心藏神，腎水可以制心火，因此滋腎瀉心法能治療腎陰虧損，水能制火，而致心火上炎、心神不安的病證，如神經衰弱、心悸、心痹痛、口舌生瘡等；脾屬土，主運化，為後天之本，氣血生化之源，腎藏精、為先天之本，生命之源，腎脾可以相互促進，所以健脾補腎法可以治療脾腎陰陽兩虛的病證，如慢性胃腸炎、潰瘍病等；肺屬金，肺為氣之主，司呼吸、腎主納氣，補腎可以加強肺主管呼吸的功能，所以補腎納氣法能夠治療肺氣

虛，咳喘日久的症證，如老慢支氣管炎、肺氣腫、哮喘等等。

由於道家內功鍛鍊是以內煉精氣神為主要目的，其中以內煉元精、元氣、元神尤為重要。而腎與元精、元氣、元神的關係最為密切，因此，道家內功「從腎論治」適用於治療許多常見病和多發病，這對於其臨床應用具有一定指導意義。

綜上所述，道家內功「從腎論治」的理論是康復醫療作用的原理之一，從中醫理論和道家內功臨床應用中證實道家內功「從腎論治」的觀點是有一定科學根據的。

# 對道家內功「調心」的研究

道家內功具有健身康復、防病治病、延年益壽的作用已毋庸置疑。道家內功用於袪病強身所取得的效果也越來越引起人們的普遍重視，而在道家內功三調（調身、調心、調息）中，調心居首要地位。因此，深入探討道家內功調心對機體的效應及實驗機理，則是道家內功研究中的重要內容。

道家內功調心，主要是對心——腦功能的調整，這是練好道家內功的關鍵。

透過道家內功「調心——入靜」，有利於腦循環改善。我們對9例原發性高血壓患者，在接受氣功治療前後進行腦阻抗血流圖的測定，結果提示練功入靜後，可以使

腦循環輸入阻抗下降，血管緊張性收縮程度減輕，有利於腦循環改善。

我們對入靜後腦血流圖觀察表明，練功入靜對血管左右對稱性的調整和改善血管壁的彈性有積極作用。這對增強大腦機體活動，激發大腦固有潛能和改善全身機能狀態是極為利的。

從《臨床腦電圖》中分析，腦電圖a節律可以作為一個人意識水準的客觀指標。我們用多指標分析綜合觀察氣功功能態下生活的變化，發現練功中腦電圖額部和枕部a節律電壓增加是其特徵之一；我們透過對36名練太極內丹功中腦電功率譜分析也發現，腦電a波段在整個功率譜中所占的百分比明顯升高，腦電功率譜陳列圖分析也見a波段能量逐漸增大。腦電a波指數升高已被公認代表人的安靜程度，這說明a波增加確實反映了練功時大腦入靜程度，並且這種入靜程度是逐漸加深的。

內功態下皮質自發電位活動的共性是a波峰值增加，頻率變慢，額枕腦波關係逆轉，以及全腦a波同步化。我們從內功態下腦電圖的變化看，入靜後出現a波，給予刺激仍無變化，而休息及睡眠則無此現象。說明內功入靜中大腦皮質狀態與休息和睡眠不同。

《醫用氣功學》轉引北戴河氣功療養院和中國科學院生物物理研究所等單位報導，練功20分鐘前後兩次腦電圖測試結果表明，對照組額枕各頻度的相對功率無明顯變化，而氣功組在入靜過程中額區頻度相對功率明顯下降，a頻段則明顯上升，睡眠組則在枕區發生與此相反的變

化。因此,他們認為不應僅從內功態時眼動頻率下降,呼吸次數減少,心臟早搏消失,腦血流量下降及痛閾提高等現象,就以為入靜是大腦皮質的抑制,也不應從腦電功率譜的增高、多種動作靈敏感性準確率增加,光點回應功能增強,限時心算解題準確性上升以及肢體血液量增加,就認為練功引起大腦興奮,實際上練功是對整個神經系統興奮和抑制過程的調整。

也有的學者認為,入靜下大腦皮質處於「清醒的低代謝狀態相吻合的主動性內抑制」。額區是腦功能最高級和潛力最發達區域,練功中腦電圖a波幅明顯升高,說明有可能由內功態接通額葉與丘腦——垂體系統的聯繫,從而使內功者對體內過程的控制成為可能。

練功者由主動的意識活動去影響內臟功能,達到治病強身的效果。同時,內臟及其植物性功能的活動訊息,由植物神經中樞——下丘腦進入專管意識活動的前額區,轉變成意識或對某些意識活動加以「潤色」,因而便出現了入靜時的各種心理景象。由此可見,在氣功入靜過程中,額區皮質與丘腦之間相互作用,可能就是內功的心理過程作用於生理功能的神經機制。

當大腦進入到內功態時,人體的神經遞質及內分泌激素代謝也有一些良好變化。在氣功態下,腎上腺素代謝大大降低(約降一半左右),而五羥色胺的代謝水準提高(約高2~3倍),可使生長激素、皮質激素分泌減少,血漿中催乳素濃度提高,多巴胺活性降低,從而使蛋白質更新率下降,相對地延長了神經細胞的壽命。

　　練太極內丹功後，Et-RFC%（總 E 花環形成細胞百分率）、LT%（T 淋巴細胞轉化率）和血清溶菌酶（其活力在一定程度上是機體細菌感染的非特異性免疫功能指標，可反映巨噬功能）含量均較練功前升高，可見氣功鍛鍊能夠提高機體的免疫功能。

　　當人體處於鬆靜狀態時，對外周循環和微循環產生一定的影響，練功後 5—HT 含量明顯下降，這樣外周血管由收縮轉為擴張，表現在微循環多種指標的改善，毛細血管血流量也比平時增加 15-·16 倍。由於外周血管的擴張和毛細血管血流量增加，這時可感覺到手足或意守丹田等部發熱，有氣行、氣動、發熱等感覺，也就是氣功中所謂的「氣感」。毛細血管隨血流量的增加，攜帶血、氧等營養物質、激素等也相應增加，這也許是許多練功老人能夠童顏鶴髮、老年斑變淺或消失的原因。

　　據 1977 年美國學者本森（BCNSON）博士在研究氣功放鬆療法（即鬆弛反應）和靜坐實驗觀察證明，人類心理活動可引起互相抗衡的下丘腦反應——應激反應和鬆弛效應。應激反應伴有交感神經系統活動增加，而鬆弛反應卻以持續的交感力降低的變化為其特徵。

　　機體放鬆後，可出現氧耗量、腦電、肌電、血壓、心率、呼吸頻率、動脈血乳酸鹽含量均有降低減慢等一系列交感神經活動降低的變化。其中血液中乳酸鹽濃度降低，是由於入靜時，全身緊張度減弱，毛細血管擴張，血液循環改善，血液中含氧量增加，而使得在缺氧時產生的疲勞素——乳酸鹽濃度下降，緊張和疲勞解除。

我們透過高血壓患者練內丹功的生化參數變化，綜合觀察結果表明，內功鍛鍊對中樞及植物神經系統，下丘腦──垂體──腎上腺軸、性腺軸以及脂質代謝等有多方面有益的調整作用，為道家內功保健、養生、治療、康復作用方面提供了客觀依據。

道家內功意守某一事物，具有第二信號系統調節人體機能活動的作用。我們觀察到練習內丹功的意守勞宮時，相應部位的上肢血流非常顯著地參加，而非意念部位的下肢血流卻有降低。認為這恰是氣功師進入氣功態以後，按照以意領氣的原則，意到氣到，氣到血到，使相應部位血液量增加，這是道家內功之所以能自己治病強身的生理學基礎。練功過程血壓趨向正常範圍，而意守頭部則血壓上升，意守足部則下降，守丹田則取其中常，意守部位的皮膚溫度也明顯上升。

我們運用脈象儀測試內丹功鍛鍊時的脈象，也發現運氣於喉、胸、上腹、下腹等不同部位時，寸、關、尺脈象也起相應的變化，特別是練大小周天功行氣時，脈象的幅度變化更大。

我們從系統觀點出發，用多個指標綜合觀察了80名被試者在內功功能態下腦電、呼吸、穴位皮膚溫度，心率和血流等生理學指標的變化，發現在內功功能態下意守下丹田時，內功師、練功組比對照組腦血流明顯減少，呼吸頻率顯著減慢，穴位皮溫上升，下丹田區域血流量明顯上升，腦電圖 a 波節律電壓上升。這些變化是內功功能態下具有特徵性的生理變化，從而給描述內功功能態提供比較

系統的客觀實驗指標。

　　道家內功由調心——入靜、放鬆、意守，使中樞神經系統進一步得到修復、調整和平衡，同時也促進了循環系統功能，提高機體免疫機能，影響生化、代謝、內分泌功能等，從而使機體自動調節系統趨向有序化程度更高的狀態。這對保健康復、防病治病、延年益壽、開發潛能、增功增智都有著極其重要的意義。

# 太極內丹功治療神經衰弱功效顯著

　　神經衰弱是由於大腦神經活動長期持續性過度緊張，導致大腦的興奮抑制功能失調而產生的。其主要表現為興奮性增高，如易激動，易傷感，感覺器官對機體內部及外界刺激過敏，睡眠障礙，記憶力減退，腦力體力均易疲勞，工作學習效率低，植物神經機能障礙，焦慮不安及多疑等。

　　人的大腦皮質的神經細胞具有較強的耐受性，在通常整日緊張的腦力活動以後，雖產生疲勞，但經由適當的休息或睡眠即可恢復。凡是在持續緊張和長期內心衝突的一些因素，如親人亡故，學習負擔過重，工作不順心，人際關係不協調，家庭不和或長期思想矛盾等，使神經活動過程強烈而持久地處於緊張狀態，超過了神經系統所能承受的限度，即可發生神經衰弱。

　　而腦力勞動過於緊張繁重並伴有情緒性的持續緊張，

或者工作安排不當，忙亂而無秩序，缺乏勞逸結合，經常改變生活與睡眠規律，從而引起大腦機能的過度緊張，也能導致神經衰弱。

從性格上講，那些偏於膽怯、自卑、敏感、多疑、依賴性強、缺乏自信，或過於主觀任性、急躁好強、自制力差的人易患神經衰弱。

對神經衰弱的治療，主要原則是消除引起緊張的原因，調整緊張引起的大腦機能失調。在這方面，道家內功有其獨特之處。

首先，道家內功要求練功人在練功時要做到鬆靜自然。鬆是指精神和形體共同的放鬆。靜是指精神的寧靜，是精神在主動放鬆的基礎上，意識進入到似睡非睡、似醒非醒的特殊狀態。這種狀態使大腦皮質功能主動性地休息調整，有益於緩解和消除大腦的持續緊張狀態，起到治療神經衰弱的作用。

其次，練道家內功達到入靜狀態時，機體不僅在客觀上發生各種有益的調整變化，而且在主觀上也可感受到心情舒暢、心胸開闊，從而處在一種良好的情緒狀態中，這對消除神經衰弱常伴有的負性情緒，具有重要的作用。此外，經由長期道家內功的鍛鍊，修心養性，陶冶情操，從而在一定程度上影響人的氣質性格，這也是道家內功能預防和治療神經衰弱的重要因素。

在以道家內功治療神經衰弱的同時，應認清病因並認識到本病是可以治癒的。樹立信心，消除緊張和疑慮，保持心情愉快舒暢，用心理衛生的方法解決自己的心理問

題。發揮主觀能動性，瞭解道家內功對神經衰弱的優秀療效，持之以恆，堅持練功，並採取有效措施，改善致病的環境因素，為袪病強身創造條件。

# 「上病下治」防治高血壓效果好

近年來有關普查資料表明，在我國高血壓的發病率有增高的趨勢。誘發因素除年齡、家族史、飲食中攝鹽量高、肥胖等外，注意力高度集中，過度緊張的腦力勞動，對視聽覺過度刺激的工作環境、生活環境，以及生活方式的突變等，均易使血壓增高。精神高度緊張、責任過重、矛盾較多的環境與高血壓的發生有密切關係。

心理學研究還發現，原發性高血壓患者多具有一定的人格特點。這類人大多具有雄心壯志，爭強好勝，辦事過分認真，容易激動和煩惱。

從20世紀50年代起，各地採用以道家內功為基礎的綜合防治措施，對本病的防治取得了不少經驗。如上海市高血壓病研究所對一次道家內功過程中血壓的變化進行了觀察，並與休息時血壓變化作出對比評價。結果發現，在同樣條件下，同一病人由活動轉到休息時，血壓可稍微降低，但當繼續休息時，血壓不再繼續降低。而內功鍛鍊則不同，練功5分鐘開始下降，到20分鐘時血壓進一步明顯地降低。說明練功過程中血壓降低決非單純休息，而是道家內功的生理效應。研究中還發現，高血壓病患者多伴有

微循環障礙，血黏度增高及血小板黏 度聚集增加等血液流
變異常，而練功可使微循環異常顯著改善，血黏度和血小
板聚集明顯降低。

　　高血壓患者在練功時，保持「鬆靜自然」的狀態，不
但身體放鬆，精神也要放鬆，這樣就能較好地消除造成血
壓升高的精神緊張因素，調動生理潛力，使機體的機能恢
復正常，收到較好的療效。

　　另外，練功時選擇意守部位應注意，中醫理論強調
「上病下治」，經科學儀器檢測，練功時意守部位不同，
血壓也會呈現相應的變化。對於高血壓患者而言，應選擇
腹部以下的部位，例如中丹田、會陰穴、湧泉穴，可達到
引氣血下行的作用，使血壓下降，頭腦清醒，達到防治高
壓血的練功效果。反之，高血壓患者如果選擇意守頭部的
祖竅穴、百會穴、囟門穴、玉枕穴，則會誘引血壓上升，
致使頭昏腦脹，加重病情。由此可見，高血壓患者選擇正
確的意守部位非常重要。

　　由於通過道家內功鍛鍊治療高血壓病，不但有良好的
近期療效，而且對穩定血壓、鞏固療效有獨特的作用，同
時沒有藥物的諸多副作用，因此，道家內功在高血壓的防
治工作中有很大的應用價值。


# 太極內丹功對冠心病患者有良效


　　冠心病是冠狀動脈粥樣硬化性心臟病的簡稱，亦稱缺

血性心臟病。它是嚴重危害人民健康的常見病、多發病。本病多發生在40歲以後，男性多於女性，腦力勞動者居多。

冠心病是現代社會的流行病。古代醫生所記載的人類主要疾病中，提到有關冠心病的病歷並不多，冠心病在美國和其他一些西方國家是隨著工業的發展而迅速增長的。在我國發病率也呈增多的趨勢。

冠心病的病因和發病機理至今尚未完全闡明。人們普遍認為高血壓、吸菸、糖尿病、肥胖、體力活動少、家族史等是引起冠心病的原因。但根據現代的大量研究證明，心理社會因素在冠心病的病因中起重要作用。在人生和事業上有過重大挫折的人比常人患病率高4倍。此外，冠心病的發生與病前性格有一定關係，緊張好勝與被動依賴者均易罹患此病。

近年來各地運用道家內功治療冠心病的報導表明，道家內功對防治冠心病有較好療效，可以明顯地改善胸悶、心悸、氣促等症狀，大部分病例心絞病緩解，心律失常減輕，精神愉快，體力增強，食慾增加，睡眠改善，臨床症狀療效一般達到80%左右。對其機理進行的探索，認為道家內功鍛鍊改善了大腦皮質的功能，調節植物神經機能活動，改善各系統器官機能的協調性和血液動力學情況；冠狀動脈擴張，側支循環增加，有助於減少心肌的耗氧量，從而消除了冠心病的各種症狀和體徵。

由於精神過度緊張和腦力過度疲勞引起的神經內分泌失調，在冠心病的發病中起重要作用。因此，冠心病患者

在進行道家內功鍛鍊時，宜選擇能促使心身放鬆，調整高級神經活動，又能改善心血管系統功能，增強心肌對機體適應能力的功法。

一般以靜功為主，適當配合一些動功。這樣既能透過內功入靜調節大腦皮質功能，使植物神經機能活動和各系統器官機能的協調得到改善，能在心靜放鬆、不增加心臟負荷的前提下，進行適當的運動，發揮調和氣血、改善循環狀況的功效。對於重症病人可採用臥式或坐式等姿勢進行內功鍛鍊，還可以配合內功進行自我保健按摩。此外，還應重視陶冶性情，儘量解除緊張、焦慮狀態，保持情緒穩定，心平氣和，從根本上消除病因，促進機體的康復。經科學實驗與臨床觀察證明：

（1）練功入靜後，可以使心率減慢，甚至可以人為控制心率。

（2）練功可以增強心肌收縮力，調節心搏出量，隨著呼吸運動吸氣大於呼氣時，心搏出量增加，呼氣大於吸氣時，則心搏出量減少。同時可以使增大的心臟有不同程度的回縮。「入靜」後，心搏出量減少，說明機體需血量和需氧量都減低。

（3）練功時意守的部位血液流量增加，意念可以調動自身血流量的再分配。

（4）練功可以增加毛細血管數量，改善血流及供血。

（5）練功可以加強軟化血管和毛細血管通透性。

（6）改善心肺循環血量，降低肺動脈壓。

由此可以看出，道家內功對心血管系統有許多有益的

作用，內功鍛鍊能增強人體調整控制機能，改善心血管機能狀態，是防治心律失常的有效輔助措施。

# 太極內丹功防治消化性潰瘍病研究

消化性潰瘍主要是指發生在胃十二指腸的慢性潰瘍。這些潰瘍的形成與胃酸和胃蛋白酶的消化作用有關，故稱消化性潰瘍。

消化性潰瘍很常見，本世紀以來這種病的發生率顯著上升。目前已有充分的證據說明消化性潰瘍和緊張刺激的關係十分密切。

有關研究發現，當與病人進行緊張的談話，或讓他參加臨床檢驗而引起焦慮、痛苦、憤怒、羞辱和罪惡感時，出現胃液分泌量和酸性增加，使胃運動也發生變化。

現代醫學認為持續的精神緊張、情緒激動等可使迷走神經興奮，刺激胃腺和胃泌素的分泌，使胃酸分泌過高而發生潰瘍。同時也可由下丘腦——垂體——腎上腺皮質激素分泌增多，這樣可促進胃蛋白酶分泌，並可降低胃黏液的屏障作用而形成潰瘍。

道家內功治療消化性潰瘍從 20 世紀 50 年代開始，以後迅速推廣到全國，僅 1959 年北戴河內功經驗交流會資料統計就有 1000 例，有效率可達 95% 以上。

經道家內功治療後，食慾增加，噯氣、泛酸、噁心、嘔吐及腹脹腹痛等症狀大大緩解，唾液澱粉酶和膽汁流量

明顯增加，血色素及紅細胞數上升，改善了貧血狀況。胃電圖檢查波形由紊亂變為規則。纖維胃鏡檢查也見好轉。X光檢查表明，不僅大部分患者潰瘍部位的陰影可以消失，而且對潰瘍癒合後的疤痕和變形，有的還可以吸收、軟化，使之明顯改變，從而保證功能完全恢復和預防復發。這點是其他療法難以比擬的。

消化性潰瘍患者在練道家內功時要儘量保持「鬆靜」狀態，心平氣和，消除緊張焦慮的情緒，並爭取把這種鬆靜的心態帶進生活中。不論遇到什麼事情，都能平心靜氣，不急不躁地去處理，從而減少發病的誘因，其發病機率自然會大大降低。同時，練習道家內功，透過放鬆入靜，保持良好的心理狀態，調動人體的生理潛能，增強腸胃蠕動的功能，可使腸胃逐漸恢復到正常狀態。

有的病人年齡大、病程長、病情重或有合併症，可能收效較慢，但如能堅持對症練習道家內功，就會收到良好的效果。還可以採用中西藥物或針灸推拿等綜合治療，以提高療效。除此之外，潰瘍病患者還應注意調節飲食、生活規律化，尤其是要消除造成心理緊張的根源，保持精神輕鬆愉快，更是不可缺少的重要環節。

# 慢性肝炎患者練功與飲食養生研究

慢性肝炎是病程在六個月以上的肝炎病變，慢性肝炎的病因和發病機理迄今尚未查明，除由病毒引起外，與自

身免疫有關，常見症狀是右脅部不適或隱痛、食慾不振、容易疲勞、口乾、口苦、失眠、小便黃等。

應用道家內功治療慢性肝炎進行了不少臨床和實驗研究。臨床研究表明，慢性肝炎病人練功後食慾好轉，食量增加，腹脹腹瀉減輕，大便通暢，噯氣減少，肝區疼痛減輕或消失，乏力好轉，頭腦清醒，精神愉快。

道家內功不但治療慢性肝炎有效，對急性黃疸型肝炎及肝硬化亦有幫助。尤其與藥物配合，能促使肝硬化腹水消除，肝質地變軟，腫大的肝臟縮小，澳抗轉陰，肝功能好轉或恢復正常。對道家內功治療慢性肝炎的實驗研究表明，患者在練功過程中膽汁分泌活動明顯增加，對蛋白質代謝、膽紅色素排泄及代謝機能等均有調節作用，採用同位素肝血流量測定表明，內功對肝臟血液循環有促進作用，從而調整肝內外側支循環的異常，改善了肝臟血液動力學狀態。

慢性肝炎雖屬傳染性疾病，但其發病與情志因素有很大關係。中醫認為七情過於波動或持續過久，能使氣機發生紊亂，陰陽失調，氣血不和，經脈阻塞，臟腑功能失調而患病。現代心理免疫學研究表明，異常的心理活動，如消極的情緒，會在一定條件下降低機體的免疫力，引起機體生理機能失調，導致功能性甚至實質性病變。

情緒在人的健康與疾病中佔有特殊的地位，在一定的內外界的刺激作用下，伴隨著情緒的體驗，人體內部會發生一系列的生理變化。

因此，慢性肝炎患者在道家內功鍛鍊中，首先應重視

調整精神活動，保持愉快的心情和良好的心境，在日常生活中也儘量保持在內功入靜中體驗到的那種愉快而舒暢的心情。注意精神修養，陶冶性情，克制並逐步改掉那種急躁易怒的習慣，保持良好的情緒狀態，對本病的康復和整個心身健康都會帶來很大益處。

其次，由於慢性肝炎病程長，治療時間也較長，切勿求速效而操之過急。選擇好適合自己情況的功法後，循序漸進堅持下去，自然會收到良好的效果。功法選擇上，可以按照辨證施功的原則，選擇一些調通肝膽有針對性的動靜功法，並可依季節時辰主臟的原則，加強春季和子時練功療效會更好一些。

在飲食養生方面應以滋陰潤燥為宜。要少吃辛辣刺激、香燥、燻烤類食品，多食新鮮蔬菜和水果，補充必要的維生素，避免高糖高脂肪類的食物。

「多喝水」是養肝的要訣，肝臟作為人體最大的解毒器官，體內所有的毒素，幾乎都要由肝臟代謝排出體外，這個過程需要大量的水，尤其是在春夏季節時氣候乾燥高溫，人體水分蒸發加速，更需要補充大量水分，讓體內毒素及時排出，減輕對肝臟的負擔和危害。

## 練功時唾液增多是有益健康的反應

練道家內功達到入靜狀態時，口中會有唾液不斷地產生，這是一種有益健康的練功反應。

　　人的口腔內有三對大的唾液腺，即腮腺、下頜腺和舌下腺，還有無數散在的小唾液腺。唾液就是由這些大小唾液腺分泌的混合液。

　　以往的生理學認為唾液的分泌完全是由神經反射來調節的，並且分泌量主要受副交感神經影響。副交感神經興奮性增強，唾液分泌稀薄而量多，一種調節是由於食物對口腔造成機械的化學和溫度的刺激，經過中樞神經的作用，再由傳出神經到唾液腺，引起唾液分泌。練內功並無食物直接刺激口腔，所以練功時的唾液分泌增多不屬此類。另一種調節是食物形態、顏色、氣味以及進食環境等因素造成的條件反射。這種條件反射一旦建立起來，即使沒有直接吃這種食物，只要看見它或嗅到它的氣味，甚至想到它，都可由條件反射引起唾液分泌。

　　例如吃過山楂的人，以後看見或想到山楂都可引起唾液分泌。然而練內功時並沒有看到、嗅到、想到某種食物的情況，所以練功時的唾液分泌增多也不屬於這一類，內功鍛鍊引起的唾液分泌增多現象，是以往的生理學教科書沒有記載的一類。

　　我們知道，練功唾液分泌增多的現象出現在進到入靜狀態時，入靜狀態的一個重要特點是引起交感神經的興奮性降低，副交感神經的興奮性增加。由此不難知道那種練功時出現的既無食物刺激，又無食物條件反射刺激的唾液分泌增多的現象，是內功引起副交感神經興奮性增強的直接結果。這是一種自我心理生理調節的結果。

　　唾液具有多種生理作用：可以濕潤與溶解食物，使食

物易於吞咽，並引起味覺；清潔和保護口腔，可清除口腔中的殘存食物；當有害物質進入口腔時，唾液可沖淡、中和這些物質，並將這些物質從口腔黏膜上洗掉；唾液中的溶菌酶還有殺菌作用；唾液中含有澱粉酶，它可使澱粉分解，轉變為麥牙糖等等。

我國古人對唾液在養生中的作用是很重視的。《本草綱目》記載：「人舌下有四竅，兩竅通心氣，兩竅通腎液。心氣流入舌下為腎水，腎液流入舌下為靈液，道家謂之金漿玉醴。溢為醴泉，聚集裝華池，散為津液，降為甘露，所以灌漑臟腑，潤澤肢體。故修煉家咽津吶氣，謂之清水灌靈根。」《上清黃庭內景經》有「口為玉池太和宮，漱咽靈液災不乾，體生光華氣香蘭，卻災百邪玉練顏」的記載。認為唾液在養生中具有防腐、美容、抗老延年等作用。現代研究中有人報導在唾液中發現有抗衰老因數，更為古代的經驗認識提供了現代科學依據。

綜上所述，練功中出現的唾液增多現象，是有益健康的反應，遇到此情況時，將唾液分幾次咽下即可。

# 太極內丹功養生效果研究

隨著現代科學的進一步發展，道家內功研究領域也得到相應的發展。有人對練功前後對比發現，練功後人體唾液中的鈉、鉀的含量及鈉鉀的比值均下降，溶菌酶增加，這就提示練習道家內功有助於鈉的排出、糖原和蛋白質的

合成，溶菌酶的增加則是人體非特異性免疫功能增強的標誌。超氧化物歧化酶在機體防禦自由基損害中發揮了重要作用，有人對其進行了研究。發現內功對紅細胞超氧化物歧化酶具有明顯的雙向調節作用，這說明內功對機體的健康能夠進行自我調整。

環核苷酸有調節細胞代謝的作用，經練功前後對比發現內功有調節環核苷酸的作用。

練習內功對提高人體免疫力的報導近年也不斷見到，一般在練習內功3個月後，人體的免疫球蛋白IgG明顯升高，T淋巴細胞的吞噬功能亦明顯增強。

經研究發現，內功練功的過程中，由於機體處於大腦皮質細胞電活動的有序化程度，因此，練習內功者可以由意念，調節神經系統和內臟的功能，使局部組織細胞的電位活動有序化。

有報導對練習內功中呼吸調整作用的研究，看到出現入靜程度越深，呼吸週期越長，呼吸節律變慢，幅度增大，呼吸運動變得更均勻柔和，肺的通氣量也產生了很大的變化，進一步研究表明，練習內功時雖然呼吸氣量增加，但由於呼吸頻率的減慢，肺的每分鐘通氣量還是減少的，平均減少約為28%，但呼出的氣體中二氧化碳的含量增高，氧氣的含量減少。這說明肺更有效地利用了空氣。

道家內功對心血管系統的雙向調節作用已有很多報導。入靜後心率會明顯減慢，心臟的每搏射出量增加。採用電子電腦對微循環進行檢測時發現，練功20天以後，甲襞微循環的異形管襻數顯著減少。

對心臟的潛在功能進行研究表明，練功後其能力增加了93.97瓦特。內功亦能夠調整神經—體液內環境的功能，控制神經支配的內臟活動。

實驗研究發現，練功1個月後其血中的5羥色胺含量下降，去甲腎上腺素、多巴胺等的含量增加，道家內功是通過「性命雙修，內外雙求」的方法，來達到自我調節身心鍛鍊的過程。因此，透過道家內功的鍛鍊可以達到以下幾個功效。

（1）預防保健

《黃帝內經》講「正氣記憶體，邪不可干」，「精神內守，病安從來」。這表明練道家內功具有預防疾病、保健強身的作用。

現代研究證明，練習道家內功具有明顯的消除心身疲勞、恢復體力、提高工作效率、增強機體免疫力、預防疾病等作用。隨著社會的發展，人們日常生活節奏越來越快，心理緊張程度也隨之越來越高。

長期的心理緊張會降低機體的免疫力，引起機體生理功能失調，導致功能性甚至器質性病變。因此，善於在緊張的節奏中學會適時的鬆弛，對健身和防病都是非常有必要的。道家內功鍛鍊恰好能有效地起到這個作用。

實踐證明，長期練功的人不容易疲勞，平時會感到精力充沛，很少患病。

（2）陶冶性情

道家內功強調要修心養性，即優化人的情緒、意志與性格等。這既是練功取得良好效果的前提，也是透過內功

鍛鍊能逐漸得到的直接效益。

實踐告訴我們，人們在內功入靜狀態下，會體驗到非常愉快和舒適，不僅有身體的舒適感，而且心情也非常舒暢，整個心身都沉浸在一種超脫的意境中。長期堅持道家內功的鍛鍊，就能起到陶冶情操、開闊心胸、培養意志、塑造健全的人格、增強心理適應能力的作用。練功還可使人感到做事時得心應手，效率增加，而且有利於改善人際關係，提高心理健康水準。

（3）開發智慧

道家內功實踐可以開發人的智慧，這一點在古代道家內功典籍中有很多明確的論述。隨著道家內功研究的深入，逐步證實了道家內功的這一作用。

透過道家內功的鍛鍊，能使大腦的疲勞較快地消除，使精力旺盛，注意力集中，感知覺敏銳，記憶力增強，思維能力提高，從而能提高智慧水準。有關專家認為，道家內功有可能成為提高人類智力的一種行之有效的手段。

（4）延年益壽

中醫認為人到老年，陰精虛衰，真元漸虧，身體各種機能都逐步減退。也有一些人因種種原因未老先衰。

實踐證明道家內功能夠調動和發揮機體內的潛力，推遲或延緩衰老，防治老年智慧減退，增進老年人身心健康，達到延年益壽的功效。

（5）增長內功

習練道家內功具有增氣補氣，促進氣血循環，循經走脈，激發人體潛能，增長內功水準的練功效果。

# 太極內丹功養生保健美容效果佳

中醫認為，人的形體肢節、肌膚毛髮、五官爪甲等無不與機體內臟腑經絡氣血緊密聯繫，只有臟腑經絡氣血功能健旺，元氣充沛，才能潤發養顏，即所謂「有諸內者必行諸外」。內功美容就是由調節體內臟腑經絡氣血陰陽平衡，以達到卻病、保健、美容的目的。

道家內功治病的基本原理是強調調身、調息、調心，強調「意氣合一」。內功能以意念指導放鬆，以意念誘導入靜、以意念調整大腦和皮質下各級神經中樞的功能。內功既可由大腦的神經系統，也可直接作用於各組織系統、器官乃至細胞；道家內功的獨到之處就是意念的引導，由於意念具有正向訊息作用，從而使整體功能趨向於高度協調、高度序化、高度激發的狀態。

道家內功的強身功效卓著，全身強健，容貌自然更加健美亮澤，道家內功可發揮良好的整體運行效果，使人體的動靜適合，運化自然。

透過練功可以達到以下功效。

（1）道家內功可以有效地消除疲勞，恢復體力，使練功人保持旺盛的精力。

現代社會生活節奏越來越快，帶給人們的心理緊張也越來越大。作為緊張的一個常見的反應就是疲勞。處於疲勞狀態的人往往精神倦怠，皮肉鬆弛，而道家內功鍛鍊可

以有效地緩解和恢復神經系統的過度興奮，迅速地消除機體的疲勞，使人幹起事來充滿活力。活力是青春的象徵，而青春則是美的象徵。頭腦清晰、精神飽滿、反應敏捷的形象是人體美的一個重要方面。

（2）培育真氣，抵抗早衰。道家內功鍛鍊的一個重要作用是培育真氣。中醫認為人的五官、肌膚等是五臟之氣外在的反映和表現。真氣充足，五臟氣血旺盛，五臟的外在表現也必然充滿了生機和潤澤，呈現一種健康的美。

例如，中醫理論中有「肝開竅於目」的說法，肝氣允足則目光炯炯有神，透過內功鍛鍊，真氣越來越充足，抗病能力增強，就可免去因患多種疾病而引起的過早衰老，使青春常駐。

（3）道家內功可改善微循環，使面部紅潤、皮膚潤澤。實驗觀察發現，道家內功鍛鍊可以改善全身的微循環功能，使更多的毛細血管開放，血管內血液流速加快，從而促進組織的新陳代謝，使皮膚養分增加，皮膚組織得到改善，變得細膩潤澤。另外，道家內功還可由調節內分泌系統的功能，來達到防止皮膚衰老和失去彈性，美化皮膚的作用。

（4）道家內功可以美化人的氣質，陶冶人的性情。真正的美是一種面部與全身、形體與精神的和諧統一。其中人的精神面貌、氣質、風度等更是形之於外的內在表現。道家內功鍛鍊中的「調心」手段不僅含有教人意守入靜的內容，而且也具有陶冶性情的重要作用。平時注意修身養性，可使練功人的心身與外部環境達到一種平衡，心

情舒暢，心胸開闊。

　　道家內功和中醫氣功中有許多養生保健美容的功法，每個人可以根據自己的不同情況而選用不同的功法來練習，只要循序漸進持之以恆，便會出現意想不到的效果。

# 「養肝調心」讓婦女遠離月經病

　　對月經病的調治原則是，調經先須調攝情志，究此理源於《內經》，古人對婦科疾病與七情內傷對臟腑相互之間的影響是很重視的，心情抑鬱，不得疏泄，易導致月經不調，甚至經閉。

　　在臨床觀察中發現，痛經患者中，肝鬱氣滯型占大多數。在閉經患者中，肝鬱氣滯型占1/3以上，崩漏患者中肝郁化炎型占1/3，其次是肝鬱氣滯血淤型，在月經先後無定期患者中，肝鬱占1/3以上。

　　臨床常見的月經病均與肝的情態失常有直接和間接的關係，直接關係為情態失常、失血、外邪侵襲等，間接關係為脾病及肝、腎病等。所以月經病以肝失調為多見，因此，練功應以調肝為主，再結合「調心」的方法調攝情志，能讓婦女遠離月經病。

# 太極內丹功知識問答

· **什麼是每天必練的功法？**

每天練習道家內功時，首先應先做降氣洗藏功，以排除體內濁氣病氣。然後再進行採氣功功法的練習，因它有採氣、補氣的練功功效，所以是每次必練功法。

修煉者還可根據自己的身體狀況或是根據自己修煉道家內功到什麼水準、什麼階段，來選擇適合自己情況的其他一些功法來練功。練習完道家內功後，認真做好收功也是很重要的環節。

· **什麼是道家內功中的陽氣與陰氣？**

內功中的陰陽二氣表現規律如下，以自然界而言，天屬陽，地屬陰；夏天屬陽，冬天屬陰；白天屬陽，黑夜屬陰。

以人體而言，體表屬陽，內裡屬陰；上身屬陽，下身屬陰；背後屬陽，胸前屬陰；手背屬陽，手心屬陰等。以臟腑而言，六腑為陽，五臟為陰。以經絡而言，循陽經內氣由內而外行至梢節為陽，循陰經內氣由外而內行至臟腑

為陰。以氣而言，練功時感到熱的、運動的、上升的、開的、由內而外的等等為陽，感到冷的、靜止的、下降的、合的、由外而內的等等為陰。

### ·三才指的是什麼？

三才指的天地人、上中下三丹田。

### ·先求無極

何為無極？無極者空空洞洞、混混沌沌、無端無形、無色無象、虛若無物、無一物而包萬物。道經云：天下萬物生於有，有生於無。易經云：太極者，無極而生，陰陽之母。所以，練功須從無極始，陰陽開合認真求。無極生太極，太極生兩儀，兩儀生四象，四象生八卦，八卦生五行，五行生形意，復歸太極生混元。故練氣功必先練無極，求混元須先求無極，不入無極圈，難成太極圈。

何求無極？靜站無極樁。內經云：「提挈天地，呼吸精氣，獨立守神，肌肉若一。」自己思慮冥其心，摒除雜念，收心求靜。心靜神寧，神寧清靜，清靜無物，無物氣行，氣行覺明，覺明則神氣相通。萬象歸根，合成一氣而達一片無極景象。

### ·有人在練功時病區疼痛加重是怎麼回事？

有人在練功中有病區疼痛加重的現象，遇此情況時應予忍耐堅持，這是氣衝病灶的功效反映，不要疑慮。經過一個時期練功後，不僅病痛減輕，病情還會大為好轉。

‧個別人練功時或練功後，感到頭部不適，有頭暈、胸悶、氣能上不能下的現象時怎麼辦？

可能的原因如下：

一是由於掌握功法要領不當或是意念呼吸過重，與動作配合不協調等原因所致。

二是過早地練習意守上丹田、百會、囟門等竅位。

三是急於求成。在還沒有達到某階段「功夫火候」時，過早地提前練習下一步功法，這種揠苗助長式的練功方法也是造成此現象的原因之一。

練功遇到這種情況時，可調整意念為似守非守，似有似無。到意念、呼吸動作注意密切配合協調一致，就可預防此現象的發生。再就是按部就班紮紮實實練功，不要急於求成，所謂「欲速則不達」就是這個道理。

如出現此情況時，可採用降氣法來幫助解決。其方法是意守湧泉穴。雙手緩緩由下向上過頭頂，然後兩手心向下，指尖相對，從頭上向下行至胳膊手自然垂直，身體重心也隨之緩緩下降，腿微屈，隨動作用意念引氣由上向下降至湧泉穴。反覆練習，即可解決頭暈、胸悶、氣能上不能下的現象。

‧練功為什麼氣到病區時有痛感？

練習道家內功氣運行到病區時，有時會出現疼痛加劇的練功現象，因為在病區處，經絡阻滯氣血運行不暢通，這是氣衝病區所致，是好的練功反映。中醫理論認為，經絡不通則痛，經絡不通則病，待氣能夠順利通過病區後，

不僅疼痛感消失，病情還會進一步得到緩解舒癒。

### ・練習道家內功時為什麼有人會出現自發功現象？

練習道家內功達到放鬆入靜到一定程度後，身體某部位由外動到內動或由內動到外動，甚至有全身不由自主的動起來的現象，這是練習氣功靜極生動自發功的表現，內動、外動的主要原因是體內陽氣發動之後，在身體內運行自我調節的反映。練功如出現此情況時，當動到一定程度後以意識加以導引、控制。不動也不去追求，更不要人為的動。別人出現自發功時，此時不應去打擾驚動他。

### ・三焦指的是哪些部位？作用是什麼？

三焦是上焦、中焦、下焦的合稱。三焦功能主氣化，五臟六腑的調整完全靠氣血的運行，而氣血的運行主要靠三焦，三焦各有其經。

**上焦**：從心口窩到天突處為上焦，包括心和肺。上焦如霧，主宣發敷布，形容的是由心肺功能，將水穀轉化成精氣後呈彌漫的狀態輸布於周身，以達到充養筋骨、肌膚、百骸的作用。

**中焦**：從肚臍到心口窩為中焦，包括脾和胃。中焦如漚，主運化水穀，形容的是由脾胃消化的食飲，吸收精微，有使營養物質化生津液，營血的作用。

**下焦**：從膀胱到肚臍為下焦，包括肝、腎、大小腸、膀胱等。下焦如瀆，主清濁，形容的是由大小腸、膀胱將新陳代謝後的糟粕排泄於外。

### ·爲什麼要先練意守中丹田？

中醫理論認為，中丹田竅位通五臟六腑、十二經、十五絡，練功時先進行採氣功的練習，有補氣、養氣、積氣生精的作用，然後再進行精、氣、神轉化的練習。練習道家內功時意守中丹田是築基法。

### ·「搭鵲橋」意義是什麼？

「搭鵲橋」是內功術語。練習道家內功時要求舌抵上齶，即為「搭鵲橋」。

其意義是因上齶處有二孔，名為天池穴。舌抵此處起著溝通任督兩脈，使氣順利下行的作用。

### ·什麼是「四門緊閉」？

「四門緊閉」是練內功的一句術語，即「鎖心猿，拴意馬，四門緊閉練內功」。四門指眼、耳、鼻、口。四門緊閉，即以意封閉眼、耳、鼻、口的活動，練功時達到眼不外觀、耳不外聽、口鼻不外嗅的練功方法，目的是讓大腦的思維活動全部集中在意守部位。

### ·三關九竅指的是什麼？

三關指的是練習道家內功時，內氣沿督脈上升時不易通過的部位，尾閭、夾脊、玉枕稱之為三關。

九竅指的是練習道家內功時的意守部位，下丹田、中丹田、上丹田、命門、會陰、兩手心、兩腳心稱之為九竅。

**·什麼是陽竅、陰竅、天門、地戶、中氣線？**

陽竅，指內氣上升至最高點處的位置，在頭頂囟門為中心的區域稱之為陽竅（又稱天門）。

陰竅，指內氣下降至最低點處的位置，在會陰為中心的區域稱之為陰竅（又稱地戶）。

中氣線，陽竅與陰竅上下垂直線為中氣線。

**·封天門閉地戶之意是什麼？**

天門指的是囟門處，地戶指的是會陰處。

封天門閉地戶之意是修煉時用意念將上下封閉，其目的是在「內氣不出，外氣不入」的情況下修煉積氣成丹的方法。

**·竅呼吸與呼吸同步對嗎？**

練功時意守丹田或意守竅呼吸時，有時會感到竅呼吸與呼吸同步，這是正常的練功反映，但不要有意將口鼻呼吸去配合竅呼吸，因為這樣會影響自發的竅呼吸。

**·怎樣正確掌握竅呼吸？**

掌握竅呼吸的要領是，練功入靜後，忘卻鼻息，三性歸一守竅，即在意念的導引下，用意想丹田，用意看丹田，用意聽丹田，任憑竅位自己發動內氣鼓盪。

**·練習道家內功時意守下丹田，男女練功效果一樣嗎？**

練功時意守下丹田，男子主煉精，有生精煉精之功

效,女子意守下丹田,先煉血,由血而轉化成精,然後再運行精、氣、神的互相轉化。

### ·如何正確對待性生活與練功的關係?

練習道家內功修煉的是人身三寶精、氣、神。氣足能生精,精足能轉化成氣,當氣運行後,二者的密切關係更加明顯。練功期間頻繁的性生活是會影響練功效果的,因此練功期間應節制性生活,才能收到良好的練功功效。

### ·收功時為什麼要正轉36圈反轉24圈?

練習道家內功後收功時做正轉36圈是古代練習收功的一種方法,指培養丹田內氣形成球狀。從圓周率和圓形運動規律角度來分析是很科學的,合理的。

反轉24圈,古代人認為三是變數,是指上、中、下三丹田和精、氣、神的轉化,八指的是東、南、西、北、東南、東北、西南、西北八個方位。

### ·為什麼要遵守練功方向?

練功時應注意遵守練功方向,此方法練習的是無形的功效,無形的功效看不見、摸不到,往往為練功者所忽視。待練功者內功水準達到較深層次後,方能體感到。例如,練功者的床位向南北方向,睡覺安眠效果好,早晨起來精神狀態佳。床位向東西方向,睡覺安眠效果差,早晨起來精神狀態不佳,其原理如同指南針識別方向一樣,是地球的南北磁場在悄悄地起著作用。因此,練功者遵守練

功方向，猶如給電池充電一樣之功效。

・古代道家內功理論中講的元精、元氣、元神與先天之精、先天之氣和先天之神有什麼區別？

元為原本之意，指的是嬰兒未出生時的精、氣、神，道家內功術語稱為元精、元氣、元神。待嬰兒降生後，元精藏於腎，元氣藏於臟腑，元神藏於腦，所以道家內功術語將之又分別稱為先天之精、先天之氣、先天之神。

・為什麼有些人同在一個老師的指導下，同時在練習一個相同的道家內功動作，但是功效反應上卻有差距？

學員在練習道家內功時，雖然是在一個老師的指導下，同時在練習一個相同的氣功動作，但是，由於具體到每個人的健康狀況和氣功水準及「悟性」上存在著差距等原因，所以反應出來對道家內功動作內涵的理解、認識、體感上存在著差異，是造成練功者功效反應不一的原因。

・練習道家內功時感到津液增多時怎麼辦？

津液是人體主要液體之一，有溫養肌肉，充潤皮膚，潤澤耳目、口鼻等竅位，滑潤關節，補益骨髓之作用。津液的新陳代謝是維持體內液體平衡與津（精）轉化成氣的重要環節。

倘若津液生成不足，或大汗、嘔吐、腹瀉、大出血，或持續高燒之後，耗傷津液過多，就會產生皮膚乾皺，口唇燥裂，舌面無津，口乾舌躁，目澀，鼻乾，大便秘結，

小便短少等一系列燥症。

　　由此可見，津液之重要。所以練習道家內功時，如有津液增多的現象時，一定要將其咽下，內功術語稱此為「玉液還丹」。切記不可將其唾掉。


　　·為什麼某些人感到有手腳發冷的現象，練習什麼功法可以改變此狀況？

　　某些人因身體虛弱，氣血供應不足，疾病或是由於年老體衰，生理機能減退等原因，造成氣血運行不暢而不能通達於手腳梢節。透過練習本功法中的採氣功、行氣功，具有補氣、增氣、加強內氣運行之功效。待體內氣充足後，又能夠重新運行到手腳梢節時，手腳發冷便會得到明顯的改善或自然消失了。


　　·修煉道家內功達到高級階段，身體放鬆時有什麼體會？

　　修煉道家內功達到高級階段時的放鬆，則有另一番感受。打一個比喻，例如初級階段的放鬆，如同做飯時合面一樣，雖然是鬆軟的，但癱軟堆積在一起；達到高級階段時的放鬆，不僅僅是形體上的放鬆，身體還會像發麵包一樣發起來，有內氣充斥周身，頂天立地的高大形象和充滿空間之感受。


　　·練習內功時有腸鳴和放屁的現象，是否正常？

　　練習內功時有腸鳴和放屁的現象，說明由於練習內

功，促進了胃腸蠕動能力，增強提高了胃腸的吸收消化功能和排濁能力。

### ‧「五行」指的是什麼？

五行指的是，以自然界為言，金、木、水、火、土；以臟腑而言，心、肝、脾、肺、腎；以步法而言，進、退、顧、盼、定。

### ‧婦女修煉道家內功與男子有什麼不同之處？

道家理論認為，由於男女生理構造不同，男子以精為寶，女子以血為基，所以女子修煉道家內功比男子要多一個步驟，男子練功時可直接煉精化氣，而女子要先煉血，待血昇華成精後，再進行煉精化氣的練習。

### ‧修煉丹田需要幾年的時間能練成？

修煉道家內功達至中丹田成形，通常 3 年為小還丹——內氣微動。6 年為中還丹——內氣湧動。9 年為大還丹——內氣鼓盪。道家稱修煉丹田之術「小則無病，大則升仙，九年練成，得道結丹」。

### ‧選擇怎樣的環境練功？是否可以在室內練功？

練功時應選擇環境安靜、空氣新鮮、花草樹木多的地方，如遇天氣不好或冬季寒冷時，可在室內練功，但應注意保持空氣流通和空氣新鮮。

### •「五心歸一」指的是什麼？

「五心」指的是頭頂心、兩手心、兩腳心。「五心歸一」指的是五心之氣歸於中丹田，是練習道家內功氣貫中腔氣氣歸根的技術方法。

### •道家內功術語「五氣朝元」指的是什麼？

練功實踐總結出來的經驗，證實了練功時出現的一些生理變化是由於心、肝、脾、肺、腎五經的氣血充沛所產生的精華在發生作用。

具體說，就是：心主脈，身上有跳動的現象，是心經氣足之故；肝主筋，身上有抽筋或竄動的現象，是肝經氣血之精華在行動；脾主肉，身上有肉跳等感覺，是脾經氣血之精華在行動；肺主皮毛，身上有如蟲爬發癢或氣流升降竄動，是肺經氣血在行動；腎主骨，運動時骨節作響和精足陽舉，是腎經氣血精華充足在發生作用。練習道家內功出現的這些現象，道家內功術語稱之為「五氣朝元」。

### •為什麼太極拳和道家內功相結合練習功夫會進步快？

拳諺云：「練拳沒有功，到老一場空。」有許多人練習太極拳幾年甚至長達十幾年還不能體感到練拳時有內氣或內氣相隨而動，而感到「內功」進步不快。

練習太極拳的同時結合練習道家內功，則能促進「內功」的進步，達到練習太極拳時，意到氣到，氣到動作到，內外合一的練拳功效。

### ・練習道家內功時不能入靜怎麼辦？

入靜是練習道家內功的重要環節，練功時能否入靜、入靜的品質直接影響到練功的成效，所以練功時掌握好入靜的方法最為關鍵，也是基本功。常用引導入靜的方法有以下幾種。

（1）意守法：練功時意守丹田或其他竅位，以幫助入靜。

（2）數息法：練功時默念自己呼吸的次數，一吸一呼為一次。

（3）聽息法：在數息法的基礎上，進而採用聽自己呼吸出入聲音的辦法，以誘導入靜。

（4）以動導靜：練習靜功雜念叢生不能入靜時，可改為練動功，以動導靜。待能夠入靜了再練習靜功。

### ・練習道家內功為什麼強調以時辰調節氣血？

因為氣血運行隨時間的變化而變化，尤其是晝夜的變易，使陰陽發生變化，陰陽變化使氣血的運行隨之變動。這樣就形成了子午流注及氣機升降宣發的現象。所以循時練功對祛病、強身、增功效果更佳。

### ・初級者可以練習高級功法中的動作嗎？

初級者是可以練習高級功法動作的，但是要和達到了練習高級功法的修煉者相比，所不同的是，初學者是有時雖然動作外形上看似做對了，但往往是只知其表，而很難達到高級功法動作中所要求的意到、氣到、動作到、內外

合一的練功效果。這便是古人所總結出來的經驗，「練動作容易，練氣難；練氣容易，練功夫難」的道理。

初學者必須經過一定的時間練習後，只有深入了內氣的層次，完成了由外而內的過程，達到了高級功法動作中所要求的「內形」運動，此時才真正地達到掌握了高級功法動作的運動規律。

### ・練習道家內功達到某階段後，想進一步提高水準遇到困難的時候，怎麼辦？

當練習太極內丹功達到某階段後，繼續修煉下一步提高的功法時，如遇到困難或阻力，難以提高進步的情況下，此時應注意加強採氣功的練習。

因為練習採內功有補氣、增氣之功效，有利於幫助功夫進一步的提高。加強採氣功的練習，有如同燒水未開之時添火加柴一樣的功效。

### ・婦女月經期間是否可以練功？

婦女在月經期間一般情況下是可以練功的。但應該相應地減少練功時間和減輕練功強度。如果練功後感到身體不適或出現經量過多的現象時，可暫停練功數日，待經期過後再練功。

### ・修煉道家內功三個重要的轉捩點和里程碑，指的是什麼？

第一個轉捩點和里程碑指的是「由後天氣轉化過渡至

先天氣，由後天呼吸法轉化過渡至先天呼吸法」。

第二個重要的轉捩點和里程碑指的是由內丹功法轉化過渡至外丹功法。

第三個重要的轉捩點和里程碑指的是非眼內視「覺明」階段，由原來的練功時用意內想、眼內視、耳內聽、「三性歸一」的意守方法，轉化過渡為意照、心照、神照「三照歸一」為「光照」的修煉方法。

### ・「上火」指的是什麼？

「上火」是中醫的專有名詞，中醫理論認為，在人體內有一種看不見的「火」，它能產生溫暖和力量，提供生命的能源。如果失去陰陽平衡的制約，火性就會浮之於上，所表現出來的一些症狀統稱為「上火」。

中醫理論中又有「實火」和「虛火」之分。引起「實火」的原因：飲食無度，陽氣過盛，室外活動少，身體運動量不夠，夏季氣候火熱，冬季室內溫度過高，穿衣物過多等。

「實火」上升的表現症狀：由腸胃熱引起的，如口有異味，牙齦腫痛，口舌生瘡，目赤，大便乾結，便秘，小便赤黃等；由肺血熱引起的，如有咳嗽、痰多、鼻衄出血、流鼻血、發燒、胸內熱、身內熱等現象。

預防「實火」的調理方法：飲食有度，食物清淡，增加室外活動，加大身體運動量，夏季時注意身體降溫，冬季時注意室內溫度不宜過高，衣物穿著要適當。練功時要多採陰氣，注意調節身體內陰陽二氣的平衡等。

引起「虛火」的原因：腎虧、氣虧、身體素質差、病後體虛、虛不受補、中老年人身體機能下降等原因。

「虛火」上升的表現症狀：盜汗、心煩意亂、心火上升、失眠、耳鳴、口臭、躁熱、頭暈、血壓上升等症狀，一般中老年人和體質虛弱者易上「虛火」。

預防「虛火」的調理辦法：飲食滋補，中醫調理，補腎補氣，練功時多採陽氣，注意調節身體內陰陽二氣的平衡等。

### ·二十四節氣的變化與人體的健康有關嗎？

自然界二十四節氣的變化，直接影響到人體的「生理時鐘」。

古代流傳下來的二十四節氣養生保健和循時練功法，就是依據一年四季二十四節氣變化的規律應運而生的，用它來指導人們的日常生活和農民耕種，也是指導人們養生保健和循時練功的法寶。

因為人與自然界是「天地人合一」的統一整體，一年春、夏、秋、冬四季，二十四節氣的變化規律，在無時無刻潛移默化地影響著人在生理上和心理上的變化。所以，人要與自然界和諧則會有益健康，相悖則會有害健康。

### ·如何經絡養生？

經絡是遍佈全身的「網路」系統，控制調節氣和血的循環運行，以保證身體各組織系統的正常功能。《黃帝內經》曰：「經絡具有決生死，處百病，調虛實之作用。」

歷代醫學和養生家把疏通經絡作為攝生的重要措施，最簡便的方法是，經常拍打刺激、按摩、導引疏通經絡系統。

### ・怎樣運用循時練功的方法，調節陰陽二氣的平衡？

道家內功講求天地人合一，循時修煉，所以，習練者要根據一年四季的陰陽變化的情況來練功。在夏季練功時要多採陰氣，在冬季練功時要多採陽氣。

要根據一天12個時辰的陰陽變化的情況來練功。在午時練習採陽氣，在子時練習採陰氣。以此方法來調節自然界與身體內陰陽二氣平衡的關係。

### ・什麼類型的人不適合練習道家內功？

精神恍惚、癔病（歇斯底里）和有精神病史的人不適合練習道家內功。

### ・爲什麼說最佳的減肥方法是練功？

大家知道，造成肥胖的原因是飲食中的營養過盛，熱量過高，身體內的攝取量大於排出量，經過不斷的積疊而形成的肥胖症。

練功能有效地增強腸胃的消化功能，幫助消化掉身體中的營養過盛，排出體內多餘的熱量，改善內分泌循環等。所以說，練功是最佳的也是最有效的「減肥、排毒、去火」的好方法。有些人用藥物或手術來減肥的方法不可取，因為是藥三分毒，手術對身體造成的傷害則更大。

## ·內分泌紊亂與情緒有關嗎？

內分泌紊亂與情緒和臟腑機能失調有關，如果有人情緒經常不穩定，會使身體內自我調節、自我平衡能力下降，長期如此，會造成內分泌紊亂。要想改變這種狀況，首先要調節自己的情緒。練習道家內功中的三調，調心、調身、調息，是調節情緒和身體的最佳方法，能有效地調節內分泌紊亂症狀。

## ·女人與男人練功的區別是什麼？

由於女人與男人身體結構和生理功能有不同之處，女人身體屬性為陰，男人身體屬性為陽。所以，練習道家內功時有幾個不同之處。

（1）女人先煉血，然後再煉精，而男人是直接煉精。

（2）女人先煉血，因此，練習下丹田時要意守「子宮口」，而男人是意守「會陰」深處。

（3）練習拍打功時，由於女人的身體結構特徵，不宜拍打胸部，要改為拍打背部或兩脅。

（4）女人在月經期間，要減少練功時間和強度，如有不適可暫停練功，待經期過後再繼續練功。

（5）女人與男人收功時有所不同。

## ·習練者怎樣知道自己身體中的陰氣虧？

習練者身體出現以下症狀時為陰氣虧。

肺熱——咳嗽、胃熱——口有異味、腸胃熱——大便乾燥、小便赤黃，肝血熱——血壓上升，性情易怒等。

以上所述均屬陽氣過盛，陰氣不足所致，所以，練功時需要多採陰氣，少採陽氣，以此方法來調節身體內陰陽二氣的平衡。

### ·習練者怎樣知道自己身體中的陽氣虧？

習練者身體出現以下症狀時為陽氣虧。

（1）人至中年時，身體機能下降，精力不足。

（2）人至老年時，氣血不足，髮白眼花，行動遲緩，反應遲鈍，手腳發涼，周身怕冷，體力不支。

（3）身體素質差，病後體虛，精力不支，氣血虧損，周身怕冷，手腳發涼。

以上所述均屬陽氣不足，陰盛陽衰所致。所以，練功時要多採陽氣，少採陰氣，以此方法來調節身體內陰陽二氣的平衡。

### ·道家內功中的「神」指的是什麼？

神是人的生命活動現象的總稱，它包括精神意識、知覺、運動等在內，以精血為物質基礎，轉化生成的互相作用的產物，由心所主宰。

「神」是由先天之精和先天之氣生成的，當胚胎形成之際，生命之神也就產生了。神在人身居於首要地位，惟有神在，才能有人的一切生命活動現象。

人的生命活動概括起來可分為兩大類，一類是以物質能量代謝為主的生理性活動；另一類是精神性活動。

《內經》認為，在人體統一整體中，起統帥和協調作

用的是心神，只有在心神的統帥調節下，生命活動才表現出各臟器組織的整體特性、整體功能、整體行為、整體規律。也就是說，人的形體運動受精神意識支配，人的精神狀態與形體功能密切相關。

### ·「神」與精氣

「神」的表現首先在於精氣，因為精氣是化生精神的基礎物質，所以精氣的多少，與人的精神狀態息息相關。精氣允盛，則神志精明；精氣不足，則精神萎靡。正如《內經》裡說：「神者，精氣也。」

可見，人體的精神活動正常與否，要以精氣的功能活動為前提，若精氣生化障礙，運行、輸布失調，皆可影響「神」的活動。

### ·「神」與五臟

「神」與五臟也是息息相關的。五臟藏精而化生神。如《內經》裡說「肝藏血，血舍魂」；「心藏脈，脈舍神」；「肺藏氣，氣舍魄」；「腎藏精，精舍志」；「脾藏營，營舍意」。這裡的神、魂、魄、意、志，都是屬於人的精神活動範疇，但它們分別依賴於五臟所藏的物質基礎，即血、氣、脈、營、精，如果五臟功能正常，精氣充足，人就精神充沛。

然而《內經》說「五臟藏神」，不等於說每臟分別產生某種精神活動，而在於強調人體內部有承擔心理活動的統一系統。「神」是在全部生理活動的基礎上產生出來的

最為高級的機能，它是臟器間的整體協同作用，是產生精神活動的先決條件。如果各臟器不能協調平衡，則影響正常的神志活動。

・練習坐功什麼是散盤、單盤和雙盤？

練習坐功時雙腿自由盤起來、雙腳在大腿的下面叫「散盤」；一隻腳在大腿的上面叫「單盤」；兩隻腳在大腿的上面叫「雙盤」。

# 陳 丹

道家內功相傳於華山道士陳丹，距今已有千餘年的歷史了。

陳丹乃道號，他的原名為陳希夷（817—989），是道家內功修煉名人。他不僅在道家門內傳授內功、太極棒尺內功，還著有《二十四氣坐功導引圖》。據傳說在宋朝年間，陳丹與趙匡胤（宋太祖）是多年好友，陳丹曾教授給趙道家內功和太極棒尺內功，並贈送二十四氣坐功導引圖。後來，趙匡胤當了皇帝，道家內功和太極棒尺內功又成了皇宮中修煉養生長壽之密術。

《太華希夷誌》一書記載了陳丹早年家世生平，入道經歷。稱陳丹博學多才，通今博古，聰慧過人，當時和趙匡胤是多年好友。自從趙匡胤當了皇帝後，宋太祖趙匡胤和宋太宗曾多次詔請陳丹入朝為官。但陳丹不為仕祿所動心，以後他遷移隱居於道家修煉聖地華山。

陳丹遷居到華山後潛心修煉，為人預言體咎，並與隱士李琪、呂洞賓、麻衣道者等人交流八方，布壇論道，傳授道家內功。陳丹所傳授的弟子有種放、穆修、李之才、邵雍、魏野等人。

# 彭庭俊

道家內丹功在道家門內相傳源遠流長。太極棒尺內功對外傳授還要從中國武術流行的鼎盛年代，清朝的1820年間談起。

當年道家名人霍成廣老道到山西一帶布壇傳道時，有一名叫彭庭俊的青年人，練習拳術多年，當他得知此消息後，不顧路途遠，趕去學習道家之術，尤其是當霍成廣老道講到如何修丹煉內功時，彭聽得如醉如癡，深感有點石為玉之言，只覺相見恨晚，從此多次登門求教。老道看彭勤奮好學很是喜歡，每次彭去都根據他的練功情況指點一二。彭得師言如獲至寶，他按指點方法開始修煉道家內功術，幾個月後已感內功進步了許多。

當彭再次登門想正式拜師學藝時，不曾想老道已到其他地方雲遊布壇傳道去了。彭懊悔不已，無奈只好按老道指點的方法每日下工夫苦練。

一晃不覺三年過去了，三年之後當霍成廣老道再次到山西布壇傳道時，彭聽說後起大早趕去相見，當與老道談起這三年多按師之指點的方法，每日早起晚睡苦心修煉

時，老道很是滿意，於是正式收他為徒。

　　彭自拜老道為師後，得其道家內丹功、導氣棒內功即現在的太極棒尺內功等。彭如獲至寶，經過一個階段的練功後，如魚得水，功夫日增，經過多年苦心修煉，終於功進大成，名揚武林界。

# 道家內功著名傳人胡耀貞先生武林軼事

　　有一年的大年初五，馮志強先生和十幾個師兄弟們約好了，一起到胡耀貞老師家去拜年。這幾天過年，胡老師正休息，見這麼多學生來給他拜年很高興。他和大夥聊了一會兒後，對大家說：「今天我讓你們體會體會『站樁功』的功效。」然後胡老師和大夥來到了院子裡，胡老師做了個「站樁功」的姿勢後，讓兩個人抓住他的左胳膊，兩個人抓住他的右胳膊，用勁向前拽，又讓兩個人在他背後使勁向前推他。只見這6個身強力壯的小夥子幾乎使出了吃奶的勁，也沒有拽動胡老師一步。胡老師就像一座鐵塔一樣紋絲不動。突然，胡老師做了一個「金雞抖翎」的動作，6個年輕力壯的小夥子立刻被紛紛抖落得前仰後合地摔倒在地上了。

　　胡老師讓一個學生擊打他的腹部（丹田），當那個學生上步用拳頭猛擊他的腹部時，胡老師並不動手，只運用「丹田鼓盪」的內功之術，便將那位學生擊出五六公尺開外。

　　據馮志強先生回憶當時的情景時說，當時大家既想看胡老師難得展露的內功絕技，又怕胡老師叫自己去試，所以有的人躲到牆角後面，有的人躲到房柱子後面，還有的人跑進屋子裡從窗戶往外看，誰也沒有勇氣再上前去試了。

　　晚上，大家在胡老師家吃飯時，胡老師語重心長地對大家說：「今天我給你們示範表演的內功之術，是想讓你們瞭解修煉內功的重要性，修煉內功就像蓋房子打地基一樣重要。」他一邊說著一邊從桌子上拿起了一根木筷子，隨手向門上一甩，只見木筷子似飛出去的利箭一樣，深深地紮入門板裡有4寸多深。在大家驚歎之餘，胡老師又接著說：「今天你們都看到了。要記住一句武術諺語『練拳沒有功，到老一家空』，希望你們以後要加強對內功的修煉。待你們內功達到一定水準後，不僅能達到健身祛病、延年益壽之功效，將內功運用於中醫的點穴按摩上療效更佳，運用於硬氣功能開磚劈石，運用於拳術之中更覺氣力飽滿充沛，運用於器械則更具威力，運用於技擊擒拿之中有更勝一籌之功效。」

　　胡老師因勢利導的一席話，使大家更加瞭解到了修煉內功的重要性。紛紛下定決心，一定要把內功練好。

## 「太極棒尺內功」是什麼年代
## 被引進到陳式太極拳中來的

　　陳式太極拳中現在有兩項訓練內功重要的功法，即太

極棒尺內功和站樁功。但是，從太極拳的歷史資料和書籍中，從未提及到陳式太極拳中有太極棒尺內功和站樁功訓練方法方面的記載。那麼，太極棒尺內功和站樁功是什麼年代被吸收引進為陳式太極拳的訓練方法的呢？

這還要從 1928 年 10 月陳發科先生從河南溫縣陳家溝村，來到了百花齊放的北京城談起。自從陳發科先生來到北京，開始傳授陳式太極拳後，不久，便結識了當時北京武林界道家內功和心意六合拳的著名傳人胡耀貞先生。由於兩人性格相近，又都酷愛練功，所以兩個人很談得來。

陳發科先生很敬佩胡耀貞先生精通內功之術和淵博的中醫知識，胡耀貞先生也很佩服陳發科先生的太極技藝和令人尊敬的武德，兩人在長期的交往中建立起了友誼，成了知心朋友。

當時陳發科先生住在宣武區螺馬市大街的河南會館，胡耀貞先生住在宣武區前門大街，他在北京市針灸門診部工作，是中醫師。兩家離得不太遠，所以他們時常在空閒時，互相串門聊天。當然「三句話離不開本行」，兩人談論最多的是關於練功和武林界中的一些事情。

一個星期天的中午，陳發科先生吃過午飯後無事，便到胡耀貞先生家去串門聊天。當他走進胡家的院裡時，看見胡耀貞先生正在院子裡練習「站樁功」。

陳發科先生不想打擾影響他練功，就從院裡悄悄地退了出來，便到前門商業街一帶去散步。一個多小時後，當他再次來到胡家時，看到胡還在紋絲不動地站著，他又退了出來，到附近的一家茶館喝茶去了。當他第三次來到胡

家時，正好趕上胡的太太從屋子裡出來，看見了陳發科先生，將他迎進了屋子裡。胡耀貞先生得知陳發科先生到來後，便收功不練了。

當兩人聊到練功方面的一些事情時，陳發科先生說：「經常看到你練習和談論起站樁功和太極棒內尺功，它的技術理論和練功方法很有獨到之處。我們陳式太極拳中也有纏絲功練習方法，兩者如能結合起來，豈不是更好了嗎。」胡聞此言道：「陳兄所言極是，我們不妨練練試試。」說著走進裡屋取出了兩個太極棒，然後，胡耀貞先生便帶著陳發科先生練了起來……。

從此，陳式太極拳的訓練項目中，又增添了兩項訓練內功的重要方法。陳發科先生是陳式太極拳第十七代著名傳人，當時他能做到互相交流，取長補短，實為現代人學習之楷模。

# 「太極巨人」馮志強先生武林軼事

## 力托千斤露神功

20世紀60年代，馮老師在北京電機廠工作期間，一天，過樑吊車吊著一臺上千斤重的電機芯在車間內運行時，突然發出了吱吱作響的異常聲音，原來是吊著電機的鋼絲繩鬆脫發出的聲音，眼看電機就要墜落下來。正在旁邊工作的馮老師發現後，一個箭步衝上去穩穩接住了這個

龐然大物。在場的人都被他的舉動驚呆了。那電機芯的重量可是1100斤啊，平時七八個身強力壯的小夥子也要費好大氣力才能抬動。

此事在電機廠裡傳開以後，不少年輕人出於好奇，多次想辦法激他露一手，可馮老師不管青年人怎樣「欺負」他，總是笑笑，不和大夥兒較真兒。

那時北京電機廠裡有一個摔跤隊，隊裡有12個生龍活虎的小夥子。一天，馮老師路過摔跤隊的訓練場地，被小夥子們看見，便一窩蜂圍上來要與馮老師較力。馮老師推辭不過，便笑著說：「你們排成一隊來推我吧！」於是這12名摔跤手一個接一個，像「火車」一樣排成一隊，最前面的人用兩手推在馮老師的腹部上，然後，隨著一聲「一、二、三，推！」的口令，大家一齊用力向前推去，只見馮老師身體往下一沉，丹田內轉，12名摔跤手紛紛被東倒西歪地摔倒在地。

說來也巧，1987年在深圳舉辦的國際武術訓練班上，一個外籍學生也想試試馮老師的功力，便約來了7個同學一起來推馮老師，當時正巧有位記者在場，拍下了這個饒有風趣的場面。

## 愛恨分明懲歹徒

一天，馮先生下班回家途經一條胡同時，忽聽前面有人哭，走近一看，三個歹徒正在搶一個姑娘的自行車。歹徒見有人來，一齊亮出尖刀威脅著：「你少管閒事！」面對歹徒，馮先生怒從心起，說聲：「讓我遇見了就得

管！」話音未落，一拳打倒一歹徒。第二個傢伙兇狠地刺過來，馮先生讓過刀尖，反手擒拿住歹徒的手腕，只聽「唭嚓」一聲，尖刀被打落在地。第三個歹徒從馮先生的身後衝上來，只見他一蹲身將歹徒掀翻在地，三個壞蛋一看碰上了硬碴兒全嚇跑了。最後馮先生一直將姑娘送到家門口，等姑娘的家人來道謝時，他早已消失在夜色中。

## 巧挫美國大力士

1981年9月2日上午，北京體育學院（現北京體育大學）的衛生室裡請來了一位重眉毛、大眼睛、虎背熊腰、體格魁偉的老工人當按摩大夫。他，就是馮志強老師。

不一會兒，武術教練門惠豐陪著一位美國大力士來到衛生室。他每天來按摩，倒不是因為有什麼病，而是在學習中國的按摩手法。按摩完畢，他還趴在床上，衛生室的李大夫悄悄走到他的頭前，說：「你不是要見馮老師嗎？」

「什麼馮老師？」大力士一愣。「馮志強老師呀！」李大夫抿嘴一笑。

原來，這位大力士叫庫瑪，是美國太極拳研究社教練，身高一米八十多，體重一百八十多斤，33歲，他6歲開始練猴拳、少林拳，後又學合氣道、形意拳、八卦掌、太極拳；為學瑜伽術內功曾專門到印度兩年，也曾向日本的最高手學柔道，在美國曾獲柔道冠軍；走遍五十多個國家。這次，他從東南亞、香港而來，走過的地方沒遇到對手。躊躇滿志的庫瑪來到北京體育學院後，找了幾位練太極、形意的人和他過手，事後他不滿意地說：「像這樣的

我不再見了，簡直是浪費工夫！」

　　說起馮志強，早年曾隨滄州人韓曉峰練通臂拳，隨山西人胡耀貞練六合心意拳和道家內功，1951年拜河南陳家溝名拳師陳發科練陳式太極拳，深得陳式太極擒拿跌打的精髓，堪稱陳發科之高徒，曾多次與練通臂拳、炮捶、形意拳、八卦掌、摔跤者較量，對方無不佩服他的功夫和人品。

　　寒暄過後，庫瑪練了幾個式子，比劃了幾手猴拳。問道：「怎麼樣？」馮志強答：「你上身有力，下身發飄。」

　　庫瑪自然不服氣，便「謙虛」地請「馮老師」說說手法。馮志強說：「好，你來勁，我接勁吧！」

　　庫瑪高興異常，用上全身解數，餓虎撲食般猛撲過來。說時遲，那時快，馮志強雙臂自下而上一迎，迅即沉肩墜肘，左膝已進入對方襠間。此招在太極上稱作「引進落空」。庫瑪有前傾撲空之感，趕緊後撤找重心，馮志強的右膝已絆住他左膝，他哪裡站得穩？馮又一點他胸部，他一愣，馮並雙手發勁，沒等他反應過來，已被擊得騰空而起，幸好後面有人接住，否則還不知要跌成啥樣呢？

　　庫瑪站住身後，伸出大拇指，用不熟練的漢語咕嚕著說：「馮老師不得了，馮老師不得了！」

　　馮志強謙遜地伸出小拇指說：「在中國，我屬這個，比我強的還大有人在！」

## 「眞太極」技驚上海

　　1982年7月，「全國太極名家匯演」在上海舉行。當

時的上海武術界就像七月的夏天一樣，掀起了一股「太極熱」。而馮老師則是這股熱潮中最熱的熱點之一，其原因有二：一是人們要看看這位挫敗洋武師名揚海內外、當今陳式太極拳最高代表的風采，二是此次全國太極名家匯演，其他的太極名家都是帶著學生來並要和自己的學生表演太極推手的，而馮老師卻是單刀赴會，配手由大會指派。

第一場匯演時，大會組委會指派了一位練太極拳的當馮老師的推手對手，雙方一搭手，只見馮老師「彈簧勁」一抖，對方便騰空而起，身體劃著弧線飛了出去，重重地撞向了主席臺，撞翻了臺上的杯子。觀眾們對馮老師精妙的推手報以熱烈的掌聲。

第二場匯演在室外體育場舉行，大會組委會又指派了一位練外家拳硬氣功的武術好手當馮老師的推手對手，此人在上海很有名氣，出手從不饒人。雙方一交手，那人果然不客氣地使盡全力朝馮老師擊來，只見馮老師運用了一個太極拳中的「黃龍三攪水」的動作，一招便將他打翻在地。隨後又使用「引進落空」，使對方身體前栽後撲倒在地。與會者及觀眾們大開眼界，對馮老師的太極功夫讚不絕口，那位推手對手更是打心眼裡佩服馮老師，他說出了大家的心裡話，「馮老師的功夫是真功夫，馮老師的太極是真太極」。

## 群星研技聚北京

「文革」過後，從 1982 年開始恢復了全國太極推手比

賽，在幾年來的全國太極推手比賽上，參賽選手普遍技術水準較低，太極拳的技擊風格發揮體現不出來，出現了一些「頂牛」「拉址」的現象，有些人甚至對太極拳理論中的技擊方法產生了疑惑。根據此情況，中國武術院研究決定，召開一次全國太極推手研討會，以解決上述在全國太極推手比賽上存在的問題。

1990年，中國武術院邀請了全國太極拳各派的名家代表和在全國太極推手比賽上取得各級別的冠軍們，大家彙集在中國武術院設在北京郊區的訓練場。中國武術院副院長張山主持了這次全國太極推手研討會。在研討會上有人提出了是比賽規則中的一些規定限制了推手技術水準的發揮，也有人提出是比賽場地較小而產生「頂牛」和「生拉硬扯」的現象，等等。

陳式太極拳代表馮志強老師提出，參賽選手技術水準較低，功夫不到家，是造成太極推手比賽時發生「頂牛」和「生拉硬扯」現象的主要因素。所以，提高功夫水準、提高技術品質是克服推手弊病的最有效的方法。

在實踐推手研討時，中國武術院安排了各級別的推手冠軍輪流進行推手，並請太極專家們在出現問題時，給予現場技術指導。在眾名師之中，馮老師自然又擔任起主要技術指導的重任。

當研討遇到發生「頂牛」現象時，馮老師指出，遇到此情況時一方要敢放鬆，敢放鬆才能進行「引進落空」化解對方的來勁，不敢放鬆是造成雙方發生「頂牛」現象的主要原因。年已60多歲的馮老師親自和他們進行推手，讓

他們體會防止克服「頂牛」現象的有效辦法：

（1）當對方抓住馮老師的雙臂用力推來時，馮老師雙臂向後引動，待雙方舊勁已逝、新勁未生之際，雙臂迅速反彈，以「彈簧勁」將對方發放出去；

（2）當對方用全力推馮老師胸部時，馮老師旋胸轉腰將對方勁化開，就在對方身體失重的剎那間，迅速進身上步，一記乾脆俐落的發勁，將對方發出去。對方起來後，抓住馮老師的雙臂再推，馮老師運用變化陰陽的技術，將對方來勁「引進落空」後，迅速反擊，「合即出」地將對方擊打出去。

馮老師的身傳言教使大家心悅誠服，決心在提高技術品質上多下工夫。

## 名人拜師再學藝

在全國太極推手研討會結束的晚宴上，河南省太極拳代表張茂珍先生親自給在座的武術院的領導、太極拳名家的代表、各級別的推手冠軍們斟酒，並激動地說，我出身在一個武術世家，練功幾十年，雖然在河南鄭州等地有一些影響和名氣。但是，透過參加此次中國武術院組織的全國太極推手研討會，看到馮志強老師親自示範和技術指導，深感藝無止境。我十分敬佩馮老師的太極功夫，今天當著武術院的領導和大家的面，請大家作個證，我要正式拜在馮老師門下重新學藝。

話音剛落，坐在一旁的曹之麟先生站了起來，緊接著說我練武近20年，曾在太極推手上下過些工夫，獲得過上

海市1982年、1986年和全國1986年的太極推手比賽65公斤級的冠軍。雖然取得了一些成績，但在實踐中免不了會產生兩力相頂的情況，我心裡也明白太極拳的特點是以弱勝強、以小力勝大力、沾黏連隨、不丟不頂、引進落空、四兩撥千斤、以巧取勝的道理，那麼怎樣在實踐中才能真正做到這些呢？經由近年來跟隨太極名家馮志強老師學習太極推手和混元內功，方知其中奧秘，尤其觀看了幾次老師的太極推手技擊後，對我觸動更大，深感太極功夫博大精深，學無止境。所以，我也要拜師再學藝，使自己的太極推手功夫更上一層樓。

他倆言短情切的一番話，博得了全場熱烈掌聲，大家紛紛舉杯向馮老師及其倆「弟子」祝賀。

# 「內功王」王鳳鳴先生武林軼事

## 點穴露絕技

一個外地人經人介紹找到了王鳳鳴老師，在交談中王老師得知，此人叫李××，在湖南省公安局做偵察員工作，酷愛練武，曾兩次獲得湖南省散打冠軍。又因在執行任務時，曾多次制服過行兇的歹徒而立功受到上級部門的嘉獎。

他們倆交談了一會兒後，小李將話鋒一轉說道：「想和王老師試試手。」當他和王老師搭上手時，年輕力壯的

小李感到自己的雙手臂猶如被膠黏住了一樣，身體如同被繩子捆綁住了似的，不管他用什麼辦法想解脫，總是擺脫不掉。

這使小李有勁也用不上，有功夫也發揮不出來，當時他大惑不解地問王老師：「你運用的是什麼方法？」王老師告訴他：「這是太極拳中沾黏連隨的技術。」小李接著說道：「如果您不介意，我可以用散打快攻的方法嗎？」王老師爽快地應道：「那你就進招吧！」

這回小李使出了他的散打本領，快速迅猛地出右拳來了一個猛虎掏心，朝王老師的胸口擊來。只見王老師用左手撥化開他擊來的右拳後，趁勢進身，將右腳放在他右腿的後面，右手臂放在他的脖頸處，說時遲那時快，手腳齊發，一個太極拳中的「擺蓮腿」便將他重重地打翻在地上。再看這位散打冠軍還真不含糊，一骨碌從地上爬起來後，又揮拳朝王老師的面部擊來。

王老師閃身讓過，同時用右手引化開他擊來的拳頭後，就在他肋部露出破綻的剎那間，順勢上步，運氣於左手二指，朝他肋部的章門穴上一點。小李感到如同利劍穿身一樣，疼痛難忍地用雙手捂著肋部蹲在了地上，張著嘴而喘不上氣來，臉色也變得蒼白了。王老師看他痛苦不堪的樣子，便過去在他身上按摩了幾個穴位，過了一會兒，只見小李深深地出了一口長氣，才逐漸恢復到正常狀態。後來，小李成為了王老師的弟子。

國內外曾經領教過王鳳鳴老師點穴的一些人，無不為他那功深技精的點穴絕技所折服。

## 三戰三勝日本武士

### 突然襲擊

1990年，王鳳鳴先生和馮志強老師應日中太極拳交流協會的邀請，來到日本東京進行太極拳教學。有一天上課的時候，王老師正在帶領日本學員練習太極拳套路時，突然感覺到背部被猛擊一掌，剎那間，只見王老師隨擊來之勢，迅速敏捷地轉動身體，用雙手就勢抓住了此人的胳膊，順勢　捋將他捋倒趴在了地上。當時大家被這突如其來的情況弄蒙了，都不知道是怎麼回事？當即王老師透過翻譯對那個人說：「你這樣做事是沒有禮貌的。」當那人從地上爬起來之後，馬上給王老師深深地鞠了一躬，並說道：「對不起王先生，我失禮了！」

下課後，王老師從學生們那裡瞭解到，此人叫×××
×，曾練習過空手道、柔道，這是他第一次參加太極課，想瞭解太極拳的技擊方式怎麼樣？試試王老師的太極功夫如何？

在日本的教學工作順利的結束了，在臨回國的頭一天晚上，日中太極拳交流協會的負責人小池勤先生找到王老師，提出想挽留王老師在日本進行一年的太極拳教學。當王老師因單位工作忙而婉言謝絕時，小池勤先生便馬上邀請王老師明年再來日本進行太極拳教學，並聘請王老師為日中太極拳交流協會顧問。

### 正面交鋒

1991年，王鳳鳴先生應日中太極拳交流協會的邀請，

第二次來到日本東京進行太極拳教學時，那個叫××××的人又前來參加了王老師的太極課。有一天上課，王老師講到陳式太極拳中的「披身捶」動作的技擊要領時，說明此動作是用於破解對方抓拿衣襟後運用的技擊方法，××××聽後說道：「我們的柔道專門會運用抓衣襟的方法，當對方被抓住以後，他便毫無辦法了。」王老師聞此言道：「太極拳中的這個披身捶的動作，是專門破解對方抓衣襟技術的方法。」

此人聽後說到：「那麼請問，我們可以在實踐中進行一次驗證嗎？」王老師爽快地應道：「當然可以。」此人二話沒說，上來伸出右手就一把牢牢地抓住了王老師的衣襟不放，只見王老師用右手抓住對方的右手腕，將左肘放在他右胳膊的肘關節處，轉腰合肘運氣同時進行，運用太極拳中「截勁」的技術方法，一下子便將對方重重地摔倒在地。他爬起來再試，功效如前，換左手還是不行。最後王老師乾脆讓他雙手一起抓住衣襟，同樣還是被重重地摔倒在地上。就這樣連續反覆試驗了多次，直到王老師將他摔得無計可施了，他才不得不罷手。

**甘拜下風**

1992年，王鳳鳴老師應日中太極拳協會邀請，第三次來到日本東京講學時，那個叫××××的人再次前來，參加了王老師的太極課。

在一天的太極推手課上，當他向王老師學習太極推手的動作時，他認為施展的機會來了，便趁機抓住了王老師的兩隻胳膊，猛勁地向前推來。只見王老師旋手轉腕解脫

了他的雙手，反過來抓住他的雙手腕後，順勢一採將他引進落空，此時他由上而下猶如跌入了萬丈深淵一樣。就在他身體失控的剎那間，只見王老師迅速跟進發勁，對方身體好像彈丸般被彈抖出去3公尺多遠。

技擊不行他又較量擒拿，他上來用右手抓住了王老師的右手後，王老師運用纏絲勁的技術將他反擒拿住，此時他的胳膊似被鐵鉗咬住了一樣疼痛難忍，並感到隨時都將有骨折筋斷的威脅，他只好拍地認輸。三次較量後他真的心服口服了。

在歡送王老師回國的晚會上，那個叫××××的人向大家坦誠地說：「以前看到別人演練太極拳，我不相信太極拳有什麼技擊價值。經由三年來參加王老師的太極拳和推手課後，使我改變了以前的觀點，現在我完全信服了中國太極拳中以小力勝大力、引進落空、四兩撥千斤、以巧取勝的獨特技術了。」

## 丹田技擊和擒拿

在赫爾辛基的TSL成人大學的一次太極拳課上，王老師講道：「太極拳是內家拳，是意氣運動，所以練習太極拳時要注意丹田、氣沉丹田，待丹田修煉到一定水準後，不僅能達到意到、氣到、動作到的練功效果，還能運用丹田來進行技擊和擒拿。」這時一個學生疑惑不解地說：「以前我學習太極拳時，從未聽人講過這些，請問我可以體會體會運用丹田進行技擊和擒拿嗎？」

王老師聽後，便讓這位學生用雙手使勁推他的腹部丹

田處，只見王老師身體重心下降氣沉丹田後，運用「丹田鼓盪」的方法將他發放了出去，對方再試，功效如前。然後，他又用一隻手猛力推向王老師的腹部丹田處，當王老師運用「丹田內轉」的方法進行擒拿時，只聽「哎呀」一聲，這位學生疼痛地一邊抖著手一邊顛著腳說道：「真沒想到這麼厲害！」

下課後，這位學生對一些學員們說：「我以前雖然練習太極拳多年，但是感到內功進步不快，一直停留在外形的水準上。這次很榮幸地與王老師相識，使我找到了太極拳與氣功同時修煉的好方法。」

在 1996 年法國巴黎舉辦的太極拳學習班上，法國《道》雜誌的主編採訪了王老師，在親自體驗了王老師的「丹田鼓盪」和「丹田擒拿」的絕技以後，向大家講道：

「我作為法國《道》雜誌的主編，曾經採訪過武術界的許多名人，但是達到王老師這種內功水準的，還真是不多見。」

## 以巧取勝的典範

一個星期天的早晨，王鳳鳴老師正在北京天壇公園裡練習陳式太極拳。一個外國人看到後來到他練拳的地方，用不熟練的中國話和王老師交談起來。他自我介紹說，他叫馬可夫斯基，家住在俄羅斯的聖彼德堡市，從小喜歡練武，曾練習過柔道、空手道、形意拳和太極拳。他有一個夢想，將來有一天到中國去學習武術。一直等到1988年俄中文化交流，他獲得了到北京體育大學留學的機會，才圓

了他多年來的美好夢想。

　　交談了一會兒後，他說想和王老師推推手。當他和王老師推起手來時，心裡暗暗地吃了一驚。他想自己身高體重上都佔優勢，但是他們推起手來時，怎麼也找不到王老師的力點，猶如推到棉花上一樣虛靈柔化；隨他來勢的變化，有時王老師的身體又像一座鐵塔一樣沉重而穩固。

　　王老師這樣剛柔相濟、靈活巧妙的變化，使他沒有施展的機會。

　　於是他改變了方法，用雙手使勁緊緊地抓住王老師的雙臂不放，並用勁推。他感到王老師的一隻胳膊在向後螺旋滾動，使他勁力落空後，就在他身體失去重心的一刹那，迅速返回，雙手相合，一記漂亮的發勁，將他發出去一丈多遠。

　　他看抓住王老師的雙臂不行，於是就變為一隻手抓住王老師的胳膊一隻手猛力推王老師胸部。只見王老師身軀轉動，他就像推在旋轉門上一樣，來勁被引進落空了，再見王老師順水推舟地捋他的胳膊，一下子便將他捋倒在地上了。在場的人無不佩服王老師以小力勝大力、以巧取勝的太極功夫。

　　幾次交手後，他被王老師精湛的太極功夫折服了。自此以後，他除了在北京體育大學學習外，每逢星期天休息的時候，他都要坐上一個多小時的公共汽車，來到天壇公園找王老師學習太極拳和氣功，一直到他在北京體育大學學習結束。

　　馬可夫斯基返回俄羅斯後，給王老師寄來了邀請信和

禮品。他在信中非常感謝王老師幾年來不辭辛苦地教授他太極拳和氣功，並熱情邀請王老師到聖彼德堡市教授太極拳和內功。王老師因單位工作忙不能脫身，便回信婉言謝絕了。

## 慧眼識才

1999年7月，王鳳鳴老師在韓國進行氣功和太極拳教學期間，有一天，韓國太極氣功研究會會長黃龍仁先生帶來一位40多歲的婦女和一位男孩子，名叫Sehi，16歲，在高中一年級讀書。他母親說，在他5歲左右時，有時和父母說，他看到別人身上、胳膊、手上有局部色彩和一些線狀物及點點的東西時，我們當時認為他小還不懂事，所以他說什麼我們也就沒在意。等他長到八九歲時，有時還和我們說諸如此類的話，我們家長這才意識到在這孩子身上存在一些問題，以為他視覺或是生理上有什麼問題或缺陷。我們先後去過韓國的幾所大醫院檢查，經過醫生、儀器的嚴格認真的檢查，檢查結果都是視覺正常，身體各部位均正常。

為此我們還找過一些韓國的氣功師詢問，但都是含糊其詞不能得到正面的答覆。眼看著孩子一天天長大，作為家長我們也一天天的為這孩子的身體和前途擔心。

經這位婦女介紹情況後，王老師為了更進一步瞭解情況，就指著旁邊的一個人的胸部讓他觀看，隨後他說出在那個人肺部周圍看到了白色似霧狀物，而後王老師又指著他的心口處問他看到了什麼時，他說在此部位看到了紅色

似霧狀物。王老師又提出了幾個問題讓他回答後,並伸出自己的胳膊讓他觀看辨認時,他說朦朧中有幾條線狀物和一些點點於其中。

當王老師指著手心勞宮穴位時,他說看到了紅色(此學生從未接觸過中醫學和氣功,對此一無所知),經過反覆論證核實,最後王老師終於以他豐富的中醫知識和多年來修煉內功的經驗體會,經分析論證在他身上出現的這些現象,並不是病症和生理缺陷,而是一種先天特異功能反應時,此位學生的母親已是熱淚盈眶了。她心情激動地對在坐的人說:「我和他父親為這孩子的身體和前途擔憂多年,王老師今天為我們解開了心中多年的疑慮,真是感激不盡。」當晚在飯店設宴招待了王老師等人。

後來這位女士還帶著孩子參加了王老師的太極棒尺內功學習班,當王老師講到轉勞宮動作,並做示範帶領大家練功時,這位學生發現王老師練功與眾不同,在王老師轉雙手時,其手部周圍有黃色光圈隨轉手而動。

在韓國仁川市的拜師會上,這位婦女拉著孩子的手來到王老師身旁說:「這孩子和您有緣,如以後他夠條件的話,請您也收下他為徒,正式拜您為師學藝。」王鳳鳴老師慧眼識才,在韓國武林界被傳為佳話。

# 彩色圖解太極武術

# 歡迎至本公司購買書籍

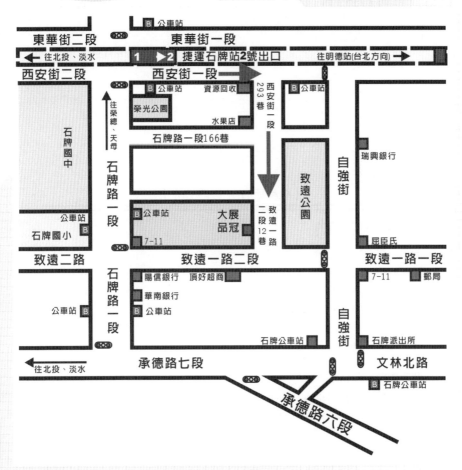

建議路線

1. 搭乘捷運‧公車

　　淡水線石牌站下車，由石牌捷運站２號出口出站(出站後靠右邊)，沿著捷運高架往台北方向走(往明德站方向)，其街名為西安街，約走100公尺(勿超過紅綠燈)，由西安街一段293巷進來(巷口有一公車站牌，站名為自強街口)，本公司位於致遠公園對面。搭公車者請於石牌站(石牌派出所)下車，走進自強街，遇致遠路口左轉，右手邊第一條巷子即為本社位置。

2. 自行開車或騎車

　　由承德路接石牌路，看到陽信銀行右轉，此條即為致遠一路二段，在遇到自強街(紅綠燈)前的巷子(致遠公園)左轉，即可看到本公司招牌。

國家圖書館出版品預行編目資料

太極內丹功／王鳳鳴 編著
——初版，——臺北市，大展，2019〔民108.10〕
面；21公分 ——（養生保健；61）
ISBN 978－986－346－262－0（平裝）
1. 太極拳 2. 養生
528.972 108013134

# 太極內丹功

著　　　者／王鳳鳴
責任編輯／朱曉峰
發行人／蔡森明
出版者／大展出版社有限公司
社　　　址／台北市北投區（石牌）致遠一路2段12巷1號
電　　　話／（02）28236031・28236033・28233123
傳　　　眞／（02）28272069
郵政劃撥／01669551
網　　　址／www.dah-jaan.com.tw
E - mail ／ service@dah-jaan.com.tw
登記證／局版臺業字第2171號
承印者／傳興印刷有限公司
裝　　　訂／眾友企業公司
排版者／弘益電腦排版有限公司
授權者／人民體育出版社
初版1刷／2019年（民108）10月

定價／300元

大展好書　好書大展
品嘗好書　冠群可期

大展好書　好書大展

品嘗好書　冠群可期